쓸모
있는
교육

쓸모
있는
교육

다시 쓰는 교육, 지속가능한 교육 공동체

윤은성 지음

미디어**샘**

쓸모없는 교육은 이제 그만!

이 책은 어떤 사람들에게는 과격하게 읽힐 수 있다. 내가 말하는 교육이 절대 옳다고 주장하는 것은 아니다. 대안학교가 미래의 대안이라고 주장하는 것도 아니다. 방법론보다는 철학에 매달린 책이다. '어떤 방식이냐'보다 '왜 그렇게 하느냐'를 묻고 싶었다. 무슨 일을 시작하기 전에 '왜?'라는 질문을 세 번만 해도 실수를 막을 수 있다고 한다. 이미 모두가 가는 길이 아닌, 자기만의 교육의 길을 만들어가는 교육자나 학부모, 학생들에게는 새로운 이야기가 아닐 수 있다. 그럼에도 불구하고 나와 함께 이 길을 걷고 있는 사람들을 위해 책을 쓰게 되었다.

나는 1996년에 미국으로 유학을 떠났다. 유학 첫해에 머릿속을 떠나지 않았던 질문이 하나 있었다. '우리는 왜 그런 방식으로 교육을 받아야 했을까?'

내가 중·고등학교를 다니던 시절은 시험을 보고 나면 성적에 따라 '매타작'이 벌어지는 곳이 교실이었다. 성적이 안 좋은 아이들은 두꺼운 바지를 입거나 허벅지에 쿠션을 대고 그 위에 바지를 입고 오기도 했다. 그때는 학교 폭력의 선봉에 교사가 있었다. 학생들 간에만 존재하는 것이 아니었다. 잘못하면 무엇이든 체벌로 돌아왔다. 문제를 못 풀어도 매를 맞고, 시험 성적이 안 좋아도 매를 맞고, 졸거나 한눈을 팔고 잡담하다 들켜도 매를 맞아야 했다. 그것이 당연하다고 생각했던 것이 지금은 더 소름 돋는다. 왜 그 당시 교사들은 매를 들어야만 정신 차리고 공부할 것이라고 생각했을까? 때리면서도 다 너희를 위해서라고 했다. 어떤 분은 눈물을 보이기까지 했다. 진심이었으리라 생각한다. 하지만 잘못된 방향과 가치를 주장한 지나친 진심이었다.

내가 알고 있던 것은 아무 의미 없는 교육이었다. 정해진 것을 무조건 외우고 시험지에 뱉어놓는 훈련만 받은 곳이 학교였다. 개인이 존중받아야 한다는 생각은 해본 적이 없다. 집단의 문화에 무조건 적응해야 살아남을 수 있는 곳이었다. 그것을 왜 배워야 하는지도 몰랐다. 무조건이었다. 모두가 똑같은 대답을 하지 않으면 안 되는 곳이 교실이었다. 그림을 그려도 똑같은 그림을 그려야 칭찬받는 교실이었다.

그러나 세월이 가면서 상황은 점점 이상한 방향으로 흘러갔다. 체벌은 사라지고 학교 시설도 교과도 많이 좋아졌는데, 학교는 갈

수록 더 엉망이 되어가는 것 같다. 아이들의 행복지수는 바닥을 치고 성적 비관으로 자살하는 아이들이 늘어나며 수능이 신의 자리를 차지한 것 같은 세상이 되었다. 모든 교과들은 성적을 얻기 위해 배우는 것 외엔 의미를 찾지 못한다. 체벌하지 못하니 교사의 권위가 서지 않는다는 생각을 하는 교사가 아직도 있다. 권위가 무엇인지 이해하지 못한 사람이 교사가 된 것이다. 그런 교육을 받고 자란 교사가 그런 교사가 될 수밖에 없다고 본다.

'학창 시절'이라는 단어가 사라져간다. 추억은커녕 떠올리고 싶지 않은 지옥이라 표현한다. 모든 것이 그렇지만은 않았을 것이다. 나름의 좋은 기억과 경험이 있었을 것이다. '스승'이라는 말이 사라져간다. '선생'이라는 말도 사라져간다. 그 자리를 '꼰대'라는 말이 대신하고 있다. '또라이'라는 표현도 서슴지 않는다.

내 아들부터 그런 환경에 던져두고 싶지 않았다. 대안학교를 선택했고 결국 대안학교를 운영하게 되었다. 내 아이 교육은 어떻게든 하겠는데 다른 아이들에 대한 부담감이 컸다. 한 아이라도 더 건강한 교육을 받게 해주고 싶었다. 대안학교치곤 아주 적은 비용만을 받으며 여러 가지를 감수하며 지난 6년간 운영했다. 이제는 전국에 크고 작은 규모의 학교가 '어깨동무학교'라는 네트워크로 제법 많이 자리 잡았다. 방과 후 학교로 운영되는 곳도 있다. 운영진들은 단 한 가지 이유, 한 아이도 포기하지 않는 교육을 하고 싶은 사람들이 만났다. 아이들이 집단으로 취급받지 않고 개인으로 돌봄 받는 학교에서, 획일화된 커리큘럼이 아니라 개별화된 커리큘럼으로 가르치고 싶었다. 아이들이 기억할 때 감사하고 행복해지는 교사들과의 만남이 되길 바랐다. 훗날 지금 자신의 모습은 선생님과 어깨동무학교 덕분이라는 이야기를 하는 제자들이 나오기를 바랐다. 그리고 실제로 그렇게 되었다. 내 자녀부터 어디에서든 성숙하고 바르다는 이야기를 듣는다면, 그것은 어깨동무학교 선생님 덕분이라고 이야기한다. 자신의 중학교 시절에 가장 기억하고 싶고 고마운 사람이 어깨동무학교의 담임선생님이라 말한다. 우리는 지난 6년간 계속 더 나은 모습으로 진화해왔다.

　꿈을 품고 시작했다. 일반 아이들을 위한 건강한 교육 공동체를 세우고 싶었고 여건이 허락되면 새터민 자녀들을 포함한 다문화 아이들을 위한 학교도 하고 싶다. 통일 후 한반도 전체 교육에 한 모퉁이를 담당하고 싶은 꿈도 야심차게 품고 있다. 해외에 흩어진 교포 자녀들에게 한국인으로서의 정체성과 역사를 가르치는 커리큘럼도 제공하고 싶다. 꿈에 한 걸음씩 다가가는 시점에 이 책을 낼 수 있어서 기쁘다. 대한민국 교육에 작은 희망 하나를 보태고 싶다. 한 번에 한 아이씩.

　　　　　　　　　　　　　　　　　　　　　　윤은성

차
례

chapter
1

다 시 묻 다

항상 되물어야 할 질문들

chapter
4

다 시 그 리 다

변하지 않는 원리

chapter
5

다 시 세 우 다

항상 통하는 공부의 기초들

chapter
6

다 시 쓰 다

항상 기억하고 싶은 마음들

에필로그

흔들릴수록 뿌리는 깊어야 한다   256

chapter 1

다 시
묻 다

항상 되물어야 할 질문들

0.1초 등하교를 꿈꾸는 아이

개그맨 유재석 씨와 조세호 씨가 진행하는 〈유 퀴즈 온 더 블록〉이라는 프로그램이 있다. 다양한 모습으로 살아가는 사람들의 모습을 유쾌하면서도 가슴 뭉클하게 담아내는 좋은 프로그램이다. 2019년 12월 방영된 제주도 편에는 즐겁고 행복한 초등학생 세 명이 등장했다. 여러 이야기를 나누던 중, 초등학생 여자아이가 어른이 되고 싶은 이유 중에 초등학교보다 대학교가 좋은 것 같아서라는 대답을 했다. 아이 나름의 이유는 "학교 가는 시간이 자유롭다는 것"과 "소속과가 있어서 좋은 것 같아요"라고 했다. 정해진 학과가 있고 다양한 과목을 선택해서 배울 수 있다는 말이다. 이어서 등교 시간이 언제가 적절한 것 같냐는 질문에 여자아이는 "오전 10시에 등교하여 오후 1시에 하교하고 싶다"고 했다. 옆의 남자아이는 0.1초 등하교를 주장했고 또 다른 남자아이는 학교에 아예 가지 않는 것이 제일 좋겠다고 했다.

아이들의 생각이지만 학교 교육을 두고 진지하게 고민해봐야 할 두 가지를 잘 지적해주었다고 본다. 아무리 나이가 어려도 자신이 원하는 것이 무엇인지 알고 싶어 한다는 것과, 학교는 적어도 가고 싶은 곳이어야 한다는 것이다.

사람은 자신이 왜 존재하는지, 무슨 일을 하고 살아야 할지 정도는 알고 싶다. 초·중·고등학교는 그것을 찾아가는 과정에 충실해야 한다. 대학 교육은 그것을 심화시키는 진짜 실력을 키우는 교육이어야 한다. 하지만 대다수 아이들은 대학을 졸업하기까지도 자신이 무엇을 해야 하는지 잘 모른다. 아이들의 잘못이 아니다. 생각할 틈을 주지 않았고 아무 생각하지 말고 공부만 하라고 압박받았기 때문이다. 인간은 생각하는 동물인데 어찌 아무 생각 없이 공부만 할 수 있을까? 대학에 진학한 학생들을 가르치는 교수들이 토로하는 어려움 가운데 하나가 대학생들이 그 나이에 맞는 사고력을 갖추지 못했다는 것이다. 가장 창조적인 상상력을 활용해야 할 시기에 생각하지 말고 주어진 것만 수동적으로 하라는 교육을 받은 아이들의 당연한 모습이다.

아이들은 왜 이 공부를 해야 하는지 계속 묻지만, 부모와 교사는 아이의 인생을 위해 무조건 하라고 할 뿐이다. 대학입시가 그나마 중요한 명분이다. '아이들은 대학을 꼭 가야 하나'라는 질문을 품고 있음에도 '대학은 나와야지'라는 불안감 또한 품고 산다. 동기부여가 되지 않으니 무얼 해도 즐거울 수 없다. 인생이 다 즐거울 수 없고 힘든 시간을 견뎌야 좋은 날이 온다는 말에 동의한다. 하지만 아이들에겐 와닿지 않는다. 그냥 부모와 말다툼하기 싫을 뿐이다. 사실은 "라떼는 말이야"라는 이야기가 길어질까봐 알아들은 척하는 것이다.

인생 살아가는 데 꼭 필요한 것을 학교에서 배울 수 없다면 학교는 왜 의무적으로 가야 하는 곳이 되었을까? 배움이 즐거움이 아니라 무의미한 과정이라고 생각하는데 그 긴 시간 동안 학교 생활을 어떻게 견뎠을까? 이런 학교를 의무적으로 가야 할 필요가 있을까? 너무 과격한 주장이라 생각할지 모르지만, 학교의 존재와 역할을 전면 부정하는 것이 아니라 학교가 왜 존재하며 무엇을 하는 곳인지 다시 물어야 한다는 뜻이다. 배우고 싶고 배워야 하는 것을 가르치는 학교에 다니는 것이 맞다. 세상이 많이 변했고 아이들의 생각도 변했다. 조부모 시대의 교육을 지금 아이들이 받고 있다는 것 자체가 모순이다. 부모들도 이런 사실을 알지만 다른 선택이 없으니 학교에 아이들을 맡길 수밖에 없다. 아무도 질문하지 않는다. 아마도 그 후에 이어지는 질문에 답하기 두렵기 때문일 것이다. 진지하게 질문한다면 다른 선택을 할 수 없기 때문이다.

필자는 20~40대 대학생들과 직장인들에게 리더십, 비전과 진로 등에 대해 20년 넘게 강의해왔다. 특히 인문학에 관심이 높은 요즘에는 인생의 목적과 의미에 대한 강의를 하면 꼭 차례대로 물어보는 질문이 있다. "자기가 원하는 전공을 원하는 대학에서 공부한 사람?" 하고 묻는다. 열 명 중 두세 명이 그렇다고 대답한다. "자신의 전공에 맞는 직업을 선택한 사람?" 하고 물으면 역시 두세 명이 그렇다고 대답한다. "어렵게 얻은 직장이지만 10년 뒤에도 이 직장에 다니고 싶은 사람?" 하고 물으면 한 명 또는 한 명도 없는 경우가 많다. 자연스레 떠오르는 질문이 있다.

'그렇다면 우리는 왜 학교를 다닌 것일까?'

자신이 하고 싶은 전공을 할 수도 없고, 자신이 원하는 대학을 갈 수도 없고, 자신이 원하는 직업을 가질 수도 없다. 어렵게 들어간 직장조차 10년까지는 끔찍해서 일하고 싶지 않다고 생각한다면 '왜 교육을 받았고 어떤 교육을 받은 것일까?'라는 질문을 마주할 수밖에 없다. 자신의 미래에 결정적인 영향을 미치지도 못하는 교육을 16년 이상 받아야 하는 이유는 무엇인가? 이 질문과 대답에 예외가 적용되는 아이들은 자기만의 길을 걸어갔던 친구들이다.

더 정확하게는 '우리는 왜 그런 교육을 받아야만 했던 것일까?' 그렇다면 '지금은 무엇이 달라졌을까?'로 질문은 이어진다. 질문을 시작하면 꼬리에 꼬리를 물기 때문에 질문하지 않는 것일 수 있다. 미래에 대해 대화를 나누었던 한 청년의 마지막 대답도 그랬다. 미래에 대해 깊이 생각하지 않는 이유는, 답도 없는데 생각할수록 머리만 아프기 때문에 포기했다고 했다. 이른바 'SKY' 대학을 졸업하고 대기업에도 취직했던 한 청년은 자기도 인생을 대충 살지 않았는

데 왜 자기 인생이 이렇게 어려워야 하는지 이해할 수 없다고 했다.

학교가 제공하는 교육이 실제로 나의 미래에 큰 영향을 미치지 않는다고 생각하는 학생이 학교 공부를 열심히 할 이유가 없다. 결국 졸업 후 자신이 직면해야 할 세상이 학교에서 교육받은 내용과 크게 상관 없는 세상이라면 학교에 다닐 이유는 더더욱 없어진다. 기업들이 학교 교육의 내용에 만족하지 못하고 자신들만의 교육 과정이나 학교를 만들어 재교육하는 상황이다. 학생들도 학교는 졸업했지만, 세상을 마주할 준비가 되었다는 확신은 없다. 이런 결과를 보고 알면서도 왜 학교를 다녀야 하는 것일까? 물론 학교는 교과와 기술을 배우는 곳은 아니기에 초·중·고·대학교를 거치는 교육이 무의미하지 않다. 학교가 존재하는 이유, 학교가 가르쳐야 하는 내용에 대해 고민해봐야 한다. 학교가 제공하는 다양한 지식과 경험은 우리가 인식하지 못하는 많은 영역에 스며들어 중요한 기초를 형성한다. 단지 그것에 우선순위를 두지 않는 현재의 입시 지상주의 교육이 문제가 되는 것이다.

획일화된 집단 교육은 폭력이다

대한민국은 의무 교육을 실시하는 나라다. 초·중등 교육까지 의무 교육을 시행해왔고, 2021년부터 고등학교 과정도 단계적으로 무상 교육을 실시하고 있다. 의무 교육은 국가가 가정환경과 관계없이 자녀들에게 교육의 기회를 균등하게 부여한다는 점에서 좋은 정책이라고 할 수 있다. 하지만 의무 교육이라는 균등한 기회가 집단화와 획일화된 교육으로 개인의 개성과 창의성을 억압하게 되면 위험하다. 의무 교육이라는 이름으로 모두가 학교를 다니게 만들어놓고 개별적으로 교육하지 않으면 강압적이고 폭력적인 행위가 될 수밖에 없다. 획일화와 집단화에는 반드시 본능적으로 저항하는 아이들이 생겨나게 마련이다. 인간은 본질적으로 구속받기 싫어하기 때문이다. 인간은 자신의 자연스러운 성향과 반대되는 분위기를 불편해한다. 지금까지는 획일화와 집단화의 억압에 저항하는 아이들이 개성 강하고 창의성 넘치는 아이들로 인식되기보다 문제 있는 아이들로 규정되었다. 필요한 조치를 취하지 않은 결과, 그들은 학교를 이탈하여 이른바 '비행청소년'이나 '거리의 아이들'이 되었다. 그리고 교육부는 그들에게 '학교 밖 청소년'이라는 이름을 붙였다. 그 아이들 역시 대안학교를 다녀도 홈스쿨링을 해도 거리를 방황하거나 아르바이트로 생계를 이어가도, 모두 '학교 밖 청소년'이라고 통칭해 또 다른 획일화된 정책을 만들어냈다. 이런 교육이 학교와 교육부의 최선일까?

아이들도 사람이다. 자신의 생각이 있고 꿈이 있다. 개성 역시 모두 다르다. 아이들을 인격이 있는 존재로 생각한다면 획일화되고 집단화된 분위기와 교육 과정을 만들어낸다는 것은 상상할 수 없다. 마냥 교사들을 탓할 수만도 없다. 모든 교사들이 학생들에 대한 사명감으로 교직에 뛰어든 것이 아닐 수도 있다. 안정적인 직업으로 생각하고 교직을 선택했을 수도 있기 때문이다. 좋은 교사와 '진짜' 선생님들도 많다. 학교와 교육부 정책이나 지침이 불합리해도 개인적으로 시간을 내어 학생들에게 최선의 기회를 만들어주고자 애쓰는 분들이 많다. 여전히 그들에게 가장 큰 걸림돌은 획일화된 정책이다. 학생 개개인의 필요를 채워주려는 노력을 지지하고 지원하기보다는 걸림돌이 되는 정책이 더 많다는 한계를 절감한다고 한다.

교육의 사전적 의미는 "지식이나 기술 따위를 가르쳐서 인격을 길러주는 것"이다. 교육이 뭐냐고 물어보면 '학교 다니는 것'이라고 말하는 사람들이 생각보다 많다. 학교만 다니면 교육이 된다고 착각하는 것이다. 교육은 사람을 키우는 일이라는 말은 좀처럼 듣기 힘들다. 지식과 기술을 가르치는 이유도 사람이 사람답게 살도록 돕기 위함이다. 교육은 한 사람이 자신을 세울 뿐 아니라 다른 사람과 더불어 살 수 있도록 돕는 과정이다. 이런 교육을 받은 사람들이 더불어 살아갈 좋은 세상을 만들어갈 것이라 기대할 수 있기 때문이다.

지금의 학교 교육은 정보와 지식의 전수만이 아닌, 그 이상의 무엇을 제공하고 있는지 다시 물어야만 한다. 학생들을 오래 만났고 학교에서 오랜 시간을 보냈다. 현재 운영하는 학교에서도 단순한 정보와 지식 그 이상의 가치를 실현하기 위해 최선을 다하고 있다. 학교의 현직 교사로 근무하는 분들이 주변에 많다. 학교 교육 현장에서 일하는 많은 이들이 희망의 목소리보다는 우려의 목소리를 많이 낸다. 심지어 "공교육은 이제 끝났습니다"라고 말하는 현직 교사도 있다. 대안학교 교장이니 그 학생들만이라도 잘 부탁한다는 말을 했다. 주변의 교사들과 대화를 나누어도 사명감이나 아이들을 자기 자식처럼 제자로 평생 책임감을 가지는 이들은 찾기 힘들다고 한다. 열심히 하려는 사람만 바보 취급 받는다고 한다. 새로운 것을 시도하고 방학 중에도 아이들과 프로그램을 만들어 진행하려면 학교와 다른 교사들의 눈치를 보아야 한다고 했다.

한국교육개발원KEDI 디지털교육연구센터http://onlineschool.or.kr에서 중고등학교 과정을 온라인학교로 완성했다. 방송통신중고등학교라고 불리기도 한다. 학생들의 수업선택권을 보장해주는 역할을 주로 한다. 학교 이탈 청소년들을 위한 교육 과정이기도 했으나 이제는 모든 학생들이 온라인으로 중고등학교 과정을 공부할 수 있는 온라인학교가 되었다. 교실온닷https://edu.classon.kr에서는 원하는 수업들을 개설할 수도 있다. 이런 흐름은 결국 현재의 학교 교육이 가진 문제점을 인식하고, 대안을 만들어나가는 시도라고 볼 수 있다. 획일화된 교과에서 개별화된 교과로 전환중이라는 뜻이다. 더이상 집단화된 교육으로 학교가 존재해서는 안 된다는 문제의식에서 비롯된 것이다. 하지만 직접 이용해본 결과 아직도 갈 길이 멀다는 느낌이다.

대안학교를 시작한 대부분의 사람들은 당연히 물었어야 할 질문을 두려워하지 않았기에 그 길을 갈 수 있었다고 말한다. 교육의 기회는 균등해야 하고 교육의 길은 다양해야 한다. 다양성을 잃은 사회는 건강한 사회가 아니라 썩어가고 있는 사회다. 모두가 같은 꿈을 꾸고 같은 목표를 가지고 살게 만드는 교육은 교육이 아니라 세뇌다. 창조성과 인간성은 말살되고 목적 달성과 성공을 위해서는 수단과 방법을 가리지 않는 기계적이고 비인간화된 결과물을 만들어낼 뿐이다.

등급은 삶을 꿈꾸게 하지 않는다

교육은 사람다운 삶을 살도록 돕는 행위다. 등수나 등급이 아니라 삶을 이야기해야 하며 삶을 꿈꾸게 해야 한다. 부모에게는 눈에 넣어도 아프지 않을 자식이다. 그러나 자신의 모든 것을 바친 결과가 등수와 등급으로 매겨지는 것은 모두에게 비극이다. 점수와 등수는 다르다. 한 아이의 학업성취도를 측정하는 기준으로서의 시험과 점수는 필요하다. 그 이상의 의미는 없다. 그 점수가 등수가 되고 등급이 되어 한 아이의 존재 의미와 미래 가치를 가늠하는 기준이 되는 것은 옳지 않다. 사회 윤리 시간에 지겹도록 언급되던 황금만능주의, 물질만능주의, 비인간화를 가르치는 현장이 바로 그런 비극의 현장이 되고 있다.

청소년들에게 특강을 할 때면 꼭 하는 말이 있다. "등급은 사람에게 매기는 게 아니고 마트에 있는 소고기에 매기는 것"이라고. 그곳의 고기에는 1++, 1+, 1 등의 등급이 붙어 있다. 좋지 않은 소고기도 1등급인데, 사람은 제일 좋은 게 1등급이다. 사람에게는 등급을 매기면 안 된다. 초·중학교 공부를 열심히 해야 하는 이유가 고등학교 내신등급을 잘 받기 위해서라면 그것은 잘못된 교육이다. 고등학교 3년 제대로 자지도 먹지도 못하고, 여행도 휴식도 미루고, 생각하는 것도 꿈꾸는 것도 하지 못하고, 고생하여 얻는 것이 고작 등급이란 말인가. 그 등급이 나의 미래를 결정짓는 운명이라면 그것은 분명히 잘못된 교육이다.

대안학교를 시작한 이유는 다른 데 있지 않았다. 사랑하는 내 자식에게 누군가가 등수와 등급을 매기는 것을 받아들일 수 없었다. 등수와 등급이 없는 교육을 받게 하고 싶었다. 만인이 법 앞에 평등하듯, 우리 아이는 1등, 2등, 3등만이 아니라 평등도 존재한다는 것을 배우게 하고 싶었다. 이겨야 하고 그러기 위해 밟고 올라서야 하는 경쟁의 원리만이 아니라 더불어 살아가는 어깨동무의 원리도 배우게 하고 싶었다. 많은 대안학교들은 평가는 하되 등수를 매기지 않는다. 공부의 성취를 측정하기 위한 평가는 필요하지만, 등수를 나누는 것은 불필요하기 때문이다. 동기부여를 위해 필요하다면 등수와 성적을 비관해 자살한 아이들에겐 무엇이라 말하겠는가? 무엇을 위한 동기부여인가?

교육은 좋은 대학을 가고 좋은 직장을 들어가기 위해 등수와 등급을 매기는 것이 아니다. 삶을 위한 직업과 일을 선택할 수 있는 기본 실력을 갖추도록 돕는 것이 교육이어야 한다. 높은 등수와 등급으로 얻은 학위와 학벌이 세상에서 통하지 않을 때 오는 좌절감은 누가 책임질까? 오히려 등수와 등급에서 자유로운 아이들이 세상을 향해 자신 있게 도전하는 모습은 어떻게 설명할 수 있을까? 좋은 학벌과 등수와 등급을 가진 청년을 상담한 적이 있다. "저는 인생을 대강 살지 않았는데 왜 세상이 이렇게 됐는지 모르겠어요. 누구를 원망해야 할지 모르겠어요"라고 하소연했다.

누군가는 이 청년에게 세상은 그렇게 만만한 것이 아니라고 말할 수도 있다. 맞다. 하지만 그런 사람들 때문에 여전히 세상은 이 모양이며, 우리 아이들은 굴레처럼 씌워진 등수와 등급의 세상에서 벗어날 수 없는 것이다. 사회도 변하고 있다. 수십 년 동안 점수와 등급을 기준으로 학생을 뽑던 대학이 바뀌고 있고 학위와 학벌을 기준으로 채용하던 기업이 바뀌고 있다. 모두가 가는 길이 아닌 자신의 길을 가는 아이들에게 세상이 유리하게 바뀌고 있다. 등수와 등급이 사회 구조상 필요악의 평가 방법이라면, 최소한 가정과 학교에서 아이들에게 바른 관점이나 가치관은 가르쳐야 한다. 등수나 등급이 대학진학에 유리할 수는 있지만, 인생의 전부가 아니며 다른 길도 얼마든지 있다는 것을 가르쳐야 한다. 아직도 만년 전교 2등만 한다고 자식을 두들겨 패는 부모가 있다고 한다. 그런 부모가 존재하는 한 등수와 등급은 우리 아이들을 마트의 고깃덩이보다 못한 존재로 만들 것이다.

사람이 문제다

김경일 교수의 책 《공자가 죽어야 나라가 산다》가 한국 사회를 논쟁으로 들끓게 했던 적이 있었다. 고질적이고 고정적인 관점이나 생각이 깨지지 않으면 변화가 어렵다는 말이다. 한국 사회는 교육에 있어서만큼은 관심이 유별난 나라다. 수십 개국을 여행하고 유학을 한 경험과 대안학교를 운영하는 사람의 관점에서 볼 때, 대한민국의 교육열은 정도를 넘어도 한참 넘었다. 그런데도 우리 아이들의 미래는 그리 밝지 않다. 중고생 특강에서 자주 하는 우스갯소리가 있다. "얘들아, 지금 시대는 공부를 열심히 하면 할수록 한 만큼 후회하게 된다." 아이들도 웃는다. 현재 우리가 경험하고 있는 교육 현장의 혼란은 예견된 것이며 필연적이다.

요즘 교육계에서는 "19세기 교실에서, 20세기 교사가, 21세기 학생을 가르친다"는 말이 회자되고 있다. 변해야 하는데 변하지 않는 것이 늘 우리의 고민이다. 변하려면 죽어야 한다. 나를 죽여야 하고 내 고집과 생각을 죽여야 변한다. 변하고 싶으면 고정관념에서 벗어나기 위해 죽도록 노력해야 한다는 말이다. 죽도록 노력한다는 말은 죽으라는 말이 아니다. 죽을 때까지 어떤 노력을 멈추지 말라는 뜻이다. 죽을 때까지 변하기 위해 몸부림쳐야 한다는 말이다.

초대 문화부장관을 지낸 이어령 교수는, 변하는 시대를 쫓아가기 위해 끝까지 몸부림치는 사람이다. 그는 80대 중반의 나이에 《지의 최전선》이라는 책을 썼다. 10년 전 《디지로그》라는 책에서 신문명론을 펼쳤던 그가 80대 중반에 새로운 문명론을 내놓은 것이다. 모두가 은퇴한 퇴물로 스스로를 생각할 수 있는 나이에도, 미래를 내다보는 안목으로 변화를 추구하는 몸부림이 귀할 따름이다. 따뜻한 문명론이라 일컫는 그의 미래지향적인 안목은, 단지 여러 대의 컴퓨터와 첨단 장비를 사용하는 것에서만 나온 것은 아닐 것이다. 늘 '창조적 인간'을 교육이념으로 말했던 본인 스스로, 창조적인 변화의 노력을 중단하지 않기 때문일 것이다.

교육의 패러다임Paradigm이 변했다. 예전에는 교육이란 지식과 경험의 전수이고, 이것을 갖춘 어른이 세상 물정 모르는 아이들을 가르치는 것이라고 생각해왔다. 위에서 아래로의 교육이다. 수직적 사고이며 가부장적 사고도 묻어 있다. 그러나 디지털 혁명이 일어나고 인터넷에 지식과 정보가 넘쳐나고 공유되기 시작하면서 전통적인 교육의 패러다임에 변화가 찾아왔다. 혁명이라 할 만한 변화다. 지식을 소유하는 것은 더이상 자랑거리가 아니다. 지식을 소유하기보다는 공유하는 시대다. 기억력보다 검색력이 더 중요한 시대가 되었다. 스마트폰의 발전으로 온 세상의 지식과 정보가 손바닥 안에 들어왔다. 이제는 어른들이 아이들에게 물어봐야 할 것이 더 많은 시대다. 어른이라고 해서 무조건 지식과 경험이 많다고 장담할 수 있는 시대가 아니다. 어른이니까 무조건 내게 배우라는 사람을 일컬어 '꼰대'라고 부르는 시대다. 수평적 사고가 강조되는 시대다. 수직에서 수평을 지나 역멘토링Reverse Mentoring이라는 개념까지 등장했다. 역멘토링은 주로 회사에서 나이가 어리거나 직급이 낮은 사람에게 임원이나 경영진이 새로운 트렌드와 창의적인 발상을 배우는 학습 방법을 말한다. 눈높이를 수평으로 맞출 뿐 아니라 교사도 학생들에게 배우려는 태도를 갖추어야 하는 시대다.

공교육 제도는 19세기 중반 산업혁명 시대에 사회적 필요에 의해 생겨난 집단 교육 시스템이다. 도입 당시부터 이미 국가 주도의 교육 시스템으로 구축되어 국가의 필요와 이념이 주입되는 획일적이고 일방적인 교육이 될 수밖에 없었다. 교실의 구조도 150년이 넘도록 변하지 않고 있다. 일방적인 강의 방식도 변하지 않았다. 국가와 사회가 원하는 인적 자원의 양성이 교육 목표가 되었다. 기업이 원하는 사람을 길러내는 것이 대학 교육의 성공 여부를 결정하게 고, 그런 대학을 가기 위한 경쟁이 초·중·고 과정의 교육 목표가 되었다. 그나마 초등학교와 중학교에는 많은 변화가 일어나고 있다. 그런데도 고등학교에 들어가면 대학 입시가 유일한 목표가 되는 사회적 한계를 뛰어넘지 못하고 있다. 그렇게 합격한 대학은 공무원 시험과 대기업 입사를 준비하는 학원 수준으로 전락했다. 버젓이 '공무원사관학교'라고 광고하는 대학교도 있다.

사회의 변화란 한 세대가 가야 한다는 말처럼 교육의 변화도 21세기 교사들이 나타나면 가능해질까? 시대와 세대의 문제라기보다 사고와 관점의 문제다. 끊임없이 창조적 변화를 추구하는 사람이라면, 19세기 교사도 21세기 아이들을 가르칠 수 있다. 정체된 사고의 21세기 교사는 19세기 사람도 가르치기 어려울 것이다. 변해야 산다. 끊임없는 패러다임의 죽음과 재탄생만이 살길이다. 그러니 죽어야 산다. 교육 현장에 있는 분들은 교육부가 없어져야 교육이 제대로 될 것이라고 말하기도 한다. 학교가 죽어야 세상이 변할까? 아니면 이미 죽은 학교이기에 죽은 교육밖에 안 되는 것일까?

교육이 경제에 종속된 비극의 시대를 살고 있다. 취업과 돈벌이가 되어야 사람답게 살 수 있는 자본주의 시대의 비극이다. 한때 모두가 꿈꾸던 유토피아가 이제는 사람 잡는 세상이 되었다. 사회 구조적 문제, 교육의 구조적 문제 모두가 사람의 문제다. 교육 정책을 결정하는 일도 사람의 일이고 가르치는 일도 사람의 일이다. 어떤 어려운 시대와 어두운 상황에서도 좋은 스승과 인격적인 부모를 만난 사람들의 삶은 달랐다. 졸저 《만남》에서 다루기도 했다. 다산 정약용丁若鏞과 제자 황상黃裳의 만남이 그랬고 추사 김정희金正喜와 소치 허련許鍊의 만남이 그랬다. 교육은 만남이다. 스승과 제자의 만남이 학교라는 교육 현장을 만들고 부모와 자식 간의 만남이 가정이라는 원초적인 교육의 장을 만든다. 어떤 교사, 어떤 부모를 만나느냐에 따라 한 아이의 인생이 달라진다. 이 사실을 깨달은 교사와 부모가 아이들의 인생을 바꾸고 세상을 바꾸는 사람들이다. 결국 사람이 문제다.

속도보다 방향

2020년 3월 29일, 자정을 갓 넘긴 시간에 13세 청소년 여덟 명이 훔친 차를 타고 서울에서 대전까지 갔다. 고속도로 요금소를 지나가며 수배 차량 검색시스템에 발견되어 경찰의 추적을 받던 중이었다. 추적을 피하려고 신호와 중앙선까지 무시하고 도심을 질주하다 자기 신호에 진입한 배달 오토바이와 추돌하게 된다. 오토바이를 타고 있던 배달원은 신학기를 앞두고 생활비와 월세를 벌기 위해 일을 하던 새내기 대학생이었는데 결국 사망했다. 차량의 운전자는 촉법소년으로 분류되어 소년원에 가고 그 외 학생들에 대한 처분은 아직 내려지지 않은 상황이다.

허망하고 가슴 아픈 사건이다. 목적지를 모르는 방향 없는 무한 질주가 낳은 비극이다. 그 아이들이 사망하게 한 대학생은 어쩌면 그들의 미래일지 모른다. 방향 없는 무한 질주가 결국 자신들의 미래를 죽였다. 사망한 18세 대학생도 쉽지 않은 중고생 시기를 거쳐 대학에 입학했을 것이다. 방황하는 중학생이 그 시기를 딛고 대학에 입학하여 새로운 시작을 앞둔 미래를 죽게 한 것이다. 우리 사회의 현실을 그대로 담고 있는 사건이다.

한 해 동안 학교를 이탈하는 청소년의 숫자는 최소 4만 명에서 최대 6만 명으로 추정한다. 이미 몇 십만 명의 학생들이 학교 바깥에 나와 있다. 학생들이 어디로 가는지 모르듯 학교들도 어디로 가고 있는지 궁금하다. 반면 대안학교나 대안 교육에 대한 정부의 정책이나 협력은 미미하다. 심지어 대안학교 운영자들을 범죄자 취급하는 사례도 있다.

왜 공부해야 하는지 이해하지 못한 채 무조건 해야만 하는 공부에 아이들은 지쳐가고 있다. 속도만 따진다면 학교보다 학원이 빠르다. 대학입시를 위한 공부라면 학원만 다니면 되겠지만 고교졸업장 때문에 울며 겨자 먹기로 학교를 다니는 모양새다. 학교는 왜 존재할까? 아이들을 대학에 보내기 위해 존재할까? 교사들의 고민이 담긴 책들을 보면 교사들도 많은 고민과 갈등 속에 학생들을 가르치고 있다. 마냥 학교나 교사를 탓할 일은 아니다. 구조적인 문제가 맞다. 뒤틀린 구조 속에서 온전한 교육의 가치를 실현한다는 것 자체가 어려운 일이다.

아이들도 부모들도 대학을 꼭 가야만 하는 이유를 묻지 않는다. OECD 국가 중 지난 십수 년 동안 대학 진학률 부동의 1위가 대한민국이다. 부모들과 상담을 해보면 대다수가 자녀를 대학에만 보내면 자신이 할 일은 다했다고 생각한다. 그 이후엔 자기가 알아서 할 수 있으리라 생각한다. 그러나 현실은 그렇지 않다. 30대가 되어도 부모는 자식을 품에서 놓지 못하고 자식도 부모를 쉽게 떠나지 못한다. 경제적, 정신적 자립은 고사하고 취업과 결혼 문제는 부모의 평생 걱정거리로 남았다. 대학이 모든 것의 해답이 될 것이라 막연히 생각했으나 현실은 그렇지 않다. 방향 설정이 잘못된 것이다. 그러나 대학 자체의 문제라기보다 대학에서 무엇을 가르치느냐의 문제일 것이다. 그리고 대학 진학이 교육과 인생의 목표가 되어 있는 우리 인식이 더 큰 문제다.

전국을 다니며 부모를 위한 교육 특강을 수년간 해왔다. 여러 도시에서 운영 중인 어깨동무학교를 순회하며 많은 강의를 했다. 4차 산업혁명이 가져온 직업과 미래의 변화, 그리고 기존 교육제도의 한계와 변화의 필요성 등을 수년간 강의했다. 그러나 강의를 들은 학부모의 마지막 질문은 언제나 "그래서 우리 아이가 대학을 갈 수 있나요?"다. 대학을 가지 말라는 뜻이 아니다. 방향 설정의 문제다. 대학은 넘쳐나고 전공도 넘쳐난다. 졸업 후에 선택할 수 있는 직업도 직장도 다양하다. 모든 것을 알고 가지는 못하더라도 초·중·고를 거치며 방향을 설정하고 그 길을 찾아가는 교육이 중요하다.

가치에 따른 우선순위가 재정립되어야 한다. 학벌이나 학위보다 자아실현과 인간다움이 먼저다. 대학 진학이 목적이 아니라 대학에서 공부하고 싶은 꿈을 찾는 것이 먼저다. 취업과 연봉보다 자기다움과 꿈을 사는 인생이 더 우선되어야 한다. 바른 가치 설정이 먼저다. 어떤 가치 기준으로 교육의 목표를 정하느냐에 따라 대한민국 아이들의 인생과 미래가 결정된다. 정책을 결정하는 이들이 프로젝트 하나를 무사히 끝낸다는 생각이라면 정책은 성공할 수 있겠지만, 인간은 실패할 수밖에 없다. 사람을 키우고 인간을 인간답게 하는 인문학적 사유가 필요한 이유다. 바른 방향을 정한 후에 속도를 내도 늦지 않다.

전염병이 바꾼 세상

질문에 답하는 방법은 단순하다. 질문을 곰곰이 생각해보면 된다. 인생에 실수를 줄일 방법은 생각하고 질문하는 데 있다. 현재 온 세계가 직면한 전염병 대유행의 상황은 충분히 생각하지 않아 생긴 일이다. 또는 쉽게 생각했기 때문이다. 감염병이 세계적으로 유행하는 상황을 팬데믹Pandemic. 범유행이라고 한다. 코로나 바이러스로 인해 세계에서 가장 강하고 부유한 나라를 자처하던 미국이 가장 처참한 상황에 직면해 있다. 코로나19로 인해 온 세계가 공황Panic 상태에 빠졌다. 전문가들은 14세기 유럽을 강타했던 '흑사병'과 1918년 5천만 명 이상의 사망자가 발생한 '스페인 독감' 이후 최대의 위기상황이 될 수도 있다고 한다. 여러 형태의 바이러스가 나타나고 사라졌으나, 이번만큼은 개인과 국가를 넘어 세계적 공황 상태가 장기화될 조짐이 보인다.

코로나19는 단순히 건강을 위협하는 정도에 그치지 않았다. 대부분의 개인 사업장이 운영을 중단했고, 중소기업과 대기업까지 심각한 경제적 위기상황이 찾아왔다. 개인의 외출이 제한되고, 학생들의 등교도 금지되었다. 학교는 개교를 계속 미루다 온라인 개학을 부분적으로 실시하고 오프라인 개학 시기는 최대한 늦추기도 했다. 미국은 2020년 전면 온라인 수업으로 전환했다. 미국에서 공부하던 해외 유학생들도 대부분 본국으로 귀국했다. 지금까지 여러 차례 세계적으로 유행한 바이러스는 있었으나, 이번만큼 단기간에 사회 각 영역에 깊이 영향을 미친 경우는 처음이다. 이동 수단이 다양해지면서 전염의 범위가 한 도시와 한 나라에 머물지 않는다. 도미노처럼 국가의 경계를 넘어 감염과 공황 상태는 퍼지고 있다.

백신 접종이 시작되었으나 세계 인구 전체가 백신을 접종하기까지는 1년이 넘는 시간이 걸릴 것으로 예상된다. 2년여 동안 온오프라인 교육을 병행하다가 오프라인으로 돌아가기도 쉽지는 않을 것이다. 장단점을 충분히 경험한 만큼, 팬데믹 이후 온오프라인 병행 교육은 당연한 방향성이 될 것이다. 온라인 강의와 오프라인 활동의 구분이 어느 정도 생기면 하이브리드 교육 형태로 정착될 것이다.

교육적인 측면에서 보자면 이런 상황이 언젠가 올 것이라 예상은 했으나, 갑자기 닥쳐온 변화에 적응하느라 몸살을 앓고 있다. 4차 산업혁명을 말하고 교육의 변화를 예측했지만 이만큼 갑자기, 그것도 바이러스로 인해 변화가 찾아오리라고는 아무도 예상하지 못했다. 이러한 갑작스러운 변화에 대한민국 정부는 세계가 주목하는 코로나 바이러스 대처 능력을 보여주었다. 그러나 세계에서 인터넷이 제일 빠르고 와이파이 연결이 되지 않는 곳이 없다는 한국이, 온라인 교육에는 너무 준비되지 않은 모습을 보였다. 우스갯소리로 2020년 대입 신입생들이 어렵게 대학교 입학하고 보니 모두 사이버대학이었다는 말이 있다. 모든 대학들이 수업을 온라인으로

하다 보니 방송통신대학교나 사이버대학교들과 다를 바가 하나도 없다는 말이지만, 피부에 와닿는 혼란과 충격은 클 것이다. 이런 추세가 지속된다면 코로나 바이러스가 학벌 사회를 무너트릴지도 모르겠다.

교사와 교수뿐만 아니라 학생들도 온라인 강의에 익숙하지 않다. 학교에 가지 않는 아이들로 인한 부모의 부담도 가중되고 있다. 집에서 온라인 수업을 진행하기에 온종일 아이들과 보내야 하는 생활은 보통 힘든 일이 아니다. 가장 즐거워야 할 일이 가장 괴로운 일이 되어버린 것이다. 이런 상황이 장기화할 조짐이 보이자 부모들의 한숨은 더 깊어진다. 온라인 교육에 대한 언론들의 호의적인 보도와는 다르게 각 가정에서는 불만과 불편이 이만저만이 아니다. 접속이 끊어지는 일도 문제지만 접속 자체가 너무 복잡하고 학습 내용도 교육콘텐츠 기업들에 비해 부실하기 짝이 없다. 온라인 교과에 맞춘 교과서도 없으며 온라인 강의에 적합한 프로그램을 만들거나 기존 프로그램 중 좋은 프로그램을 찾는 노력도 없는 듯하다. 학교마다 교사의 재량에 맡겨둔 것처럼 천차만별이다. 서버의 접속이 과하여 느려지거나 멈추는 일이 IT강국이라는 대한민국에서 발생하고 있는 온라인 교육의 현실이다.

전 세계 대학들이 앞다투어 온라인에 강의를 공유하고, 사전 학습 및 화상강의와 현장 프로젝트로만 교과를 구성한 미네르바대학 같은 곳이 화제가 되기도 했다. 그러나 우리 현장에 접목되기는 요원하다. 학교 현장에는 온라인 학습 전문가가 없다. 아니 필요 없었다. 파워포인트를 만들어 수업하고 공유된 동영상을 보여주는 일과 메신저로 소통하는 일 정도를 멀티미디어 교육이나 온라인 교육이라고 착각하고 있었을 것이다. 코로나19가 아니었다면 화상으로 학생들과 수업을 진행하는 일은 아직 꿈도 꾸지 않았을 것이다.

팬데믹 이후 한국 교육에는 어떤 변화가 일어날까? 부모들은 여전히 교육을 학교와 학원에 맡겨놓고 열심히 돈 벌어 경제적인 뒷바라지만 하면 되는 것일까? 변화는 이미 찾아왔다. 온라인 교육을 강조해왔으나 깊이 생각하지 않았기에 학교도 교사도 준비되어 있지 않았다. 만약 웬만한 교과를 온라인으로 다 배운다면 학교에 가야 할 이유가 있을까? 학교는 왜 존재할까? 학교에서는 무엇을 가르쳐야 할까?

학교의 존재 이유는 누가 찾을까? 온라인 교육과 병행하는 오프라인 교육의 핵심 가치는 무엇이 되어야 할까? 교과 공부는 탁월한 온라인 강사들이 대체한다면 학교 교사들은 무엇을 해야 할까? 전 세계 대학이 온라인으로 통합된다면 과연 한국의 대학은 필요할까? 미리 질문하는 사람들이 시대를 앞서 나갈 수 있을 것이다.

이미 해외유학도 온라인으로 진행되는 추세다. 국내에서 해외 대학의 학위를 취득하는 일은 정책이 아닌 전염병이 가능하게 했다. 이 상황은 국내 대학의 구조조정을 가속화시키고 있다. 대학은 온라인 강의와 관리를 위한 투자를 해야 하고 학생들은 온라인 교육을 받으면서 오프라인 교육을 받을 때와 동일한 학비를 내는 것을 불합리하다고 생각하는 분위기다. 온라인 강의가 교수와 학생 모두를 충족시키지 못하고 있다. 코로나로 인해 보완할 수 있는 오프라인 모임도 불가능한 상황이다. 교육의 질이 저하되고 있다는 반응이 곳곳에서 터져 나온다. 그러나 정작 중요한 대안은 쏙 빠져 있다는 것이 문제다. 오프라인 만남 없이 온라인으로만 교육이 가능하다는 것은 합리적이지 않으며 불가능하기까지 하다. 당분간이라고 기대할 수밖에 없는 상황이다. 그렇다고 당분간이 얼마나 긴 시간이 될지 모르는 상황에서 마냥 손만 놓고 있을 수는 없다.

이제 교과목을 배우고 시험을 치러 성적표로 취업을 하던 시대가 저물고 있다. 교사도 강의할 자리를 온라인 교사들에게 다 빼앗길 수 있다. 이왕 온라인으로 수업을 들어야 한다면 유명 강사의 강의를 듣는 편이 낫다. 해외 명문 대학의 수업을 집에서 온라인으로 듣고 졸업장도 받을 수 있다면 한국 대학을 가야 할 이유가 있을까? 기업조차 온라인으로 수강했어도 해외 대학의 졸업장에 점수를 더 준다면 우리의 선택은 어떻게 달라질까? 상상의 나래를 더 펴본다면, 기업들이 대학에 가지 말고 우리 회사에 와서 공부하라고 학교를 세우는 일이 생기지 말란 법도 없다. 대학 교육에 한계를 느낀 기업들은 자구책을 만들어가고 있다.

팬데믹이 1년여 넘게 지속되는 과정에서 우리는 그동안 스스로 질문하지 않고 미뤄왔던 문제들을 들춰내고 있다. 마땅히 물었어야 할 본질에 대한 질문이며 고민이다. 질문만 던질 뿐 아니라 해법도 제시해주는 셈이다. 인간 스스로가 쌓아올린 잘못된 가치체계와 사회구조를 무용지물로 만들어버렸다. 바닥부터 다시 고민하지 않으면 안 되는 상황으로 우리를 몰아갔다. 기존의 교과서도 수업 방식도 교실 구조도 교수법도 다 포기하고 완전히 새롭게 구축해야 하는 상황이다. 해오던 방식 안에서 안일하게 머물러 있는 우리를 코로나 바이러스가 창조적이며 모험적인 미래로 몰아낸 셈이다. '하던 대로 하면 죽는다'는 엄중한 경고다. 지난 20세기 동안 쌓아올린 모든 것을 기초부터 다시 점검하도록 강요당하고 있다. 사회 각 계층에서 당혹감을 감추지 못한다. 지금은 무엇을 감출 때가 아니다. 다 드러내고 혁신해야 한다. 바꿔야 산다. 창조적이어야 살아남는다. 모험을 두려워하면 한 걸음도 앞으로 나갈 수 없다. 지금이 오히려 기회다. 화려한 교수법과 대단한 미디어의 도움을 의지하기 전에 본질에 대해 다시 질문하고 고민해볼 수 있는 기회다. 어쩌면 한 세기에 한 번 오기도 힘든 기회를 놓쳐버리면 우리 교육은 영영 희망이 없을지도 모른다.

chapter 2

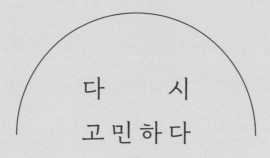

다 시
고민하다

항상 확인해야 하는 본질들

사람을 세울래? 학교를 세울래?

사람들에게 대안학교를 시작한다고 알렸을 때 가장 많이 받은 질문은 "학교가 어디에 있어요?"라는 것이었다. 땅이 얼마나 준비되었는지, 건물은 얼마나 큰지 등이 우선이었다. 본격적으로 홍보를 하면서 '어깨동무학교는 건물이 없는 학교'라고 알리기 시작했다. 교육은 스승과 제자가 만나면 이루어지는 것이지, 건물이 있고 땅이 있어야 하는 것이 아니기 때문이다. 교육은 집에서도 이루어질 수 있고, 산에서 들에서 바다에서도 가능하다. 학교를 세우기 전에 사람을 세운다는 마음이 먼저였다. 학교를 세우고 싶어하는 많은 사람들을 만났다. 그만큼 우리 교육 현실이 쉽지 않다는 반증일 것이다. 그러나 다들 엄두를 내지 못했다. 땅도 건물도 재산도 없기 때문이다. 학교를 세우기 전에 교육이 무엇인지를 명확하게 정의해야 학교도 교육도 시작하는 것이 가능하다. 학교는 건물이 아니다.

사람이 학교이며 사람이 남고 삶이 남는다. 학교를 세우는 일과 교육하는 일은 다르다. 학교 건물을 세워 학교를 키우면, 학교 소유주의 재산은 불어날 수 있겠지만, 사람의 그릇이 커지고 세상이 나아지는 것과는 다르다.

시대가 변하면서 건물 없이도 교육이 가능한 미래가 다가오고 있다. 모바일로 수업을 들으며 세상 어느 곳에서나 체험하고 실험하며 교육할 수 있는 길이 이미 열렸다. 건물 중심의 사고를 하게 되면, 결국 학교로 비즈니스하다가 끝이 난다. 교육은 사람을 키우는 일이며, 인재를 양성하는 일이다. 사람을 사람답게 살도록 돕는 통로다. 학교를 세우지 않고, 사람을 세우려고 한 이유다.

학교를 세우려면 돈이 많이 들어간다. 교육법인 설립에는 큰 액수의 자본금이 필요하다. 땅도 사야 하고 건물도 지어야 한다. 여러 시설도 갖추어야 한다. 투자한 돈을 회수해야 하는 생각을 갖고 있다면, 교육과 돈 중 어느 것이 우선이 될까? 게다가 학교가 자자손손 먹고살 거리가 된다면 가업으로 승계된다. 자식들 사이에 이권 다툼을 하고 학생들 앞에서 멱살잡이도 벌어진다. 온갖 비리의 온상이 된 학교에서 제대로 된 교육이 이루어질 수 있을까?

학교에서 교육이 이루어지지 않는다면 그곳은 학교가 아니다. 학문을 배우고 인격을 다듬고 사람답게 사는 세상을 꿈꾸어야 할 곳에서, 비인간화를 경험하고 폭력을 경험하고 인성이 망가지고 꿈이 짓밟히는 현장이 된다면 학교는 더이상 교육의 현장이 아니다. 교육은 관계성이 기초다. 관계성이 교육의 기초라는 것은 관계 맺음 안에서 모든 소통이 이루어진다는 뜻이다. 단순 지식만 전달하는 교육이란 없다. 사랑과 관심을 전하지 않는 교육은 전하지 않는 데서 끝나지 않는다. 무관심과 무책임이 관계성을 통해 전달된다. '교육이 이루어지지 않는다'는 표현은 그런 면에서는 틀렸다. 교육은 어떻게든 일어난다. 나쁜 것을 배우든 좋은 것을 배우든, 무엇이든 전달되는 것이 관계성이다. 좋은 학교란 좋은 교육이 제대로 이루어지는 곳이다.

좋은 교육을 받은 사람은 자신이 누구인지 알고, 어떻게 더불어 살아가야 할지를 안다. 자기가 무엇을 해야 할지 알고 사회에 어떻게 기여해야 하는지를 안다. 세상이 변해도 받은 교육을 토대로 무엇을 버리고 무엇을 새롭게 익혀야 하는지 알게 된다. 교육만 제대로 되어도 세상은 제대로 돌아간다. 교육이 모든 사회 문제의 근원적이 되는 이유는 교육이 오염되었기 때문이다. 대학진학률이 교육을 변질시켰다. 취업률이 교육을 썩게 했다. 1등만을 알아주는 세상이 인간을 망가지게 했다. 고액 연봉, 대기업이 아니면 인간 구실을 못한다고 생각하는 가치관이 교육을 무너지게 했다.

잘못된 목표 설정이 교육을 변질시킨다. 오염된 가치가 교육조차 오염시킨다. 교육만은 지켜야 한다. 학교를 지키는 것이 교육을 지키는 것은 아니다. 수많은 사학 비리에도 불구하고 학교를 지키기 위해 교육을 오염 속에 내던져둔 대가는 우리 아이들과 이 사회가 감당하게 된다. 오염된 학교와 변질된 교육으로 무너진 인간성의 대가는 가혹하다. 엄청난 사회적 비용을 부담하게 된다. 대안학교를 다니는 아이들의 숫자는 점점 늘어나고 학교 밖 청소년들을 위한 지자체의 지원도 대폭 늘어났다. 좋은 현상이지만 엄청난 비용 지불이다. 모든 것을 학교 탓을 할 수 없지만 학교에 대한 부모의 불신이 다른 교육을 선택하게 만들고 학교에 대한 아이들의 불신이 학교를 이탈하게 만들었기 때문이다.

입시학원과 입시학교

'입시 지옥'이라는 말은 대한민국의 교육 현실을 대표하는 단어다. 아무리 좋은 교사들이 온전한 교육자의 마음으로 학생을 대해도 입시에 실패하면 교육에 실패한 것이 된다. 어려서부터 치열한 경쟁 속에서 입시 교육을 받은 아이들은 평생을 경쟁 트라우마에 시달리게 된다. 아이들은 가만히 있으면 퇴보하는 것이라는 경쟁의식의 강박에 시달리고 있다. 고등학교를 졸업하고 겨우 '입시 지옥'을 탈출하면 '취업 대란'이 기다린다. 취업 대란을 힘겹게 헤쳐 나오면 '자기계발'의 늪이 기다린다. '고액 연봉'이라는 천국에 도달하기 위해 끊임없이 자기를 학대하는 자기계발의 늪에서 허우적거

려야 하는 것이다. '노력'이라는 말로 부족하여 '노오력'과 '노오오
오오력'이 필요한 시대다. 그 상황에서 '결혼'이라는 허를 찌르는
공격이 들어온다. 아무리 방어를 잘해도 육아비용, 학자금, 주택청
약, 가족부양, '노후자금'이라는 5종 세트가 삶에 던져진다. 교육이
온통 돈벌이를 위한 준비로 둔갑할 수밖에 없는 현실적 이유를 이
해하지 못하는 것은 아니다.

이런 문제는 개인이 다 해결할 수 없다. 국가가 마련한 복지제도
와 사회적인 인식의 변화가 함께 일어나야 해결할 수 있다. 지금 그
것이 안 된다고 각자도생을 선택하면 해결되지 않는다. 당장 내 눈
앞에 문제가 해결되지 않는데, 근원적인 해결, 즉 사람을 키우는 백
년대계百年大計까지 생각할 여유가 있을 리 없다.

도산 안창호는 오늘 당장 집 지을 재목이 없다고 나무조차 심지
않으면 백 년 후, 천 년 후에도 집을 짓지 못할 것이라고 했다. 인물
양육의 중요성을 강조한 말이다. 교육은 백년대계라 말만 했을 뿐,
백 년을 내다보고 인물양육은 하지 않는다. 모두 자기 시대에 자기
가 영광과 영화를 누리려는 마음뿐이다. 개인도 남을 돌아볼 겨를
이 없다. 부모도 자식에게 남 생각하지 말고 '너나 잘살라'고 가르
친다. 그러는 동안 우리는 서서히 함께 망하는 길로 가고 있다는 것
은 생각하지 않는다.

부모가 눈에 넣어도 아프지 않을 자식을 학교에 보낼 때는, 자식
이 최소한 정상적인 사회인으로 자라기를 기대하고 보내는 것이다.

자기 앞가림도 못하는 아이로 자라기를 기대하지 않는다. 정현종 시인이 "사람이 온다는 것은 실로 어마어마한 일"이라고 했다. 한 사람의 일생이 오는 것이기 때문이다. 교육을 맡은 이들에게는 한 아이의 일생에 대한 책임이 발생한다는 것이다. 교육이 변하지 않으면 사회도 변하지 않는다. 교육의 결과가 인생이고 사회이며 국가다. 무엇을 어떻게 가르치느냐에 따라 다른 존재가 되어 졸업한다. 그들이 살아가는 삶이 모여 사회가 되고 국가가 되고 세계가 된다. 우리는 교육하고 있는가? 학교보다 교육이 중요한가? 바른 교육관을 가진 교사인가?

민족의 지도자를 많이 배출한 오산학교의 설립자인 남강 이승훈 선생은 자신의 집에 기와를 떼어다 깨진 학교의 지붕을 덮었다. 교육은 희생이며 투자다. 돈벌이가 되고 밥벌이가 되는 순간 교육은 오염되고 변질된다. 학교는 돈벌이의 수단이 아니며 교사는 밥벌이의 수단이 아니다. '사람 세움'과 '살림의 현장'이며 미래가 만들어지는 창조적 요람이다. 학교는 끝없이 맑은 물을 흘려보내, 개천을 맑게 하고 강을 맑게 하며 바다를 살리는, 깊은 산 속 옹달샘이어야 한다. 교육은 맑아야 한다. 학교는 청정 지역이어야 한다. 그래야 사회도 나라도 산다. 교육을 할지 학교를 할지 결정해야 한다. 사람을 세울지 학교를 세울지 결정해야 한다.

사람 세움의 교육을 회복해야 한다. 사람을 소중히 여기는 교육을 회복해야 한다. 학교보다 학생이 중요하고 건물보다 사람이 중요하다. 학교를 다녀도 사람이 안 되는 사람이 있고 학교를 다니지 않아도 사람다운 사람이 되는 사람이 있다. 학교의 존재 이유가 사람 세우는 교육이 아니라면 학교는 도대체 왜 존재하는 것일까? 진정한 사람이 되어야 진정한 자기가 될 수 있다. 원하는 삶을 찾을 수 있고, 살아갈 수 있는 용기와 능력을 갖추는 교육만 되어도 사람들은 훨씬 행복해질 것이다. 어느 시대든 세상은 녹록치 않았다. 내가 원하는 삶을 사는 데 필요한 것은 환경이 아니라 용기다. 교육이 그런 용기를 길러주는 통로가 될 때만 진정한 사람 사는 세상을 기대할 수 있다. 사람 사는 세상은 순응하는 인간이 아니라 세태를 거스를 수 있는 용기 있는 인간이 만들기 때문이다. 교육은 아이들의 영혼에 그 용기를 불어넣어주는 것이다. 자신이 살아갈 세상을 마주하며 그 안에서 자신을 잃어버리지 않을 수 있는 용기 있는 삶이 그와 세상을 바꾸게 될 것이다.

학벌 만드는 학교가 망친 세상

고등학교가 입시를 위한 기관이라면 학교는 왜 가야 할까? 대학교가 취업을 위한 기관이라면 대학교는 왜 가야 할까? 신분제도가 지배하던 오랜 역사를 가진 대한민국은 신분 상승의 수단으로 전락한 교육에서 벗어나지 못하고 있다. 사실 학벌주의에 물든 사람의 정신을 지배하는 세상은 노예근성 내지는 천민 의식이 자리한다. 아직도 자신이 자유로운 인간이라 확신하지 못하기 때문에 신분 세탁과 재산 증식을 통해 결핍된 자신감을 충족시켜보려는 의지가 학벌이라는 망령을 만들어냈다. 학벌이 명예가 되고 특권이 되고 자신감의 근원이 되는 세상은 영혼이 타락한 세상이다. 사람다움이 명예가 되고 자기다움이 자신감의 근원이 되고 그것만으로도 행복한 삶을 영위하는 것이 제대로 된 세상이다. 세상 물정을 몰라서 하는 소리가 아니라 그렇지 않은 세상이 정상인 세상이라고 인정하면 안 되기 때문이다.

요즘 학교를 이탈하는 학생들을 만나보면 이유는 하나다. 학교 다니는 것은 시간 낭비이고, 학교에서 배울 것이 없다고 말한다. 학교를 이탈하는 아이들은 다시 두 부류로 나뉜다. 공부를 잘하는 아이와 공부를 포기한 아이다. 공부를 못하는 것이 아니라 포기한 것이다. 아이들이 포기한 것이 아니라 학교가 포기한 것이다. 학교가 자기를 포기했다는 것을 아는 아이들이 학교에 붙어 있을 이유가 없다. 공부를 잘하는 아이들도 예외는 아니다. 이른바 정상적인 학교의 졸업장이 필요한 아이들만 남는다. 그리고 대다수는 아니라고 생각하지만 남다른 길을 선택하는 일에 두려움이 있거나 다른 선택의 여지가 없는 아이들은 학교에서 버티는 것 외에 다른 길이 없다. 자기만의 길을 갈 용기가 있는 아이들은 학교를 뛰쳐나온다. 스스로 공부하는 힘이 있는 아이들은 검정고시를 독학하고 인터넷 강의로 수능을 준비하기도 한다. 아예 일찍 고등학교 과정을 마치고 혼자 하고 싶은 공부에 몰두하기도 한다.

가난을 극복하고 먹고살기 위해 교육을 받아야 하는 시대가 있었다. 학교의 존재 이유가 생존하기 위함이었다. 경제가 발전하면서부터는 생존을 넘어 경제적으로 안정적인 삶을 위해 학벌을 추구하던 시절도 있었다. 행복이라는 단어가 삶의 기준이 되면서 행복하기 위해 결국 더 나은 학벌을 추구하는 사회가 되었다. 대학진학률은 세계 최고를 다투고 석박사가 넘쳐나는 나라가 되었지만 행복지수는 계속 떨어지는 나라다. 모든 문제를 학벌로 해결하려는 의식에서 벗어나지 못했기 때문이다.

대학만 나온 사람보다 대학원이라도 나온 사람이 조금이라도 더 대우받는 세상이라 생각했기에 대학원을 간다. 석사보다 박사가 더 대우받는 세상이기에 박사과정에 또 들어간다. 결국 박사들이 많아지니 박사도 일자리 구하기가 어려워져 취직도 힘들게 되었다. 유학이 차별화된 학벌을 만들어준다고 생각했기에 이 작은 나라에서 엄청난 유학생들이 나왔다. 미국, 중국, 인도, 일본 다음으로 많은 유학생이 한국 학생이다. 그러나 유학생이 많아지자 유학생도 취업이 어려운 시절이 왔다. 단지 유학생이 많아졌기 때문이 아니라 사회가 그만한 숫자의 고학력자들을 필요로 하지 않기 때문이다. 청년들을 오랫동안 가르치다보니 학벌 과잉으로 취업이 안 되는 제자들이 나오기 시작했다. 취업하기에 너무 좋은 스펙을 가져서 취업이 안 되는 아이러니가 발생했다.

　교육에는 정답은 없다. 인생에 정답이 없기 때문이다. 나만의 정답만이 존재한다. 나답게 사는 법을 아는 것이 필요하다. 공교육이나 대안교육의 문제가 아니다. 12년 의무 교육과 무상 교육을 하느냐 마느냐의 문제도 아니다. 왜 다니며 무엇을 배우느냐의 문제다. 학생들을 붙잡고 학교 다니는 이유를 물어보면 안다. 많은 아이들의 대답은 불안하기 때문이었다. 다니지 않으면 불안한 마음이 들기 때문이다. 다녀야 할 이유가 뚜렷한 아이들은 많지 않았다. 학벌이 필요하다는 생각에 연명하듯 학교에 붙어 있을 뿐이다. 그러나 마음으로는 이 모든 게 무슨 소용 있냐는 마음이 대다수 아이에게 있다. 필요하다는 생각에 집착할 뿐이지 행복하기 때문은 아니다.

　지금은 학벌이 특권이 되거나 기회를 보장해주는 사회가 아니다. 팬데믹으로 인해, 한국에서 좋은 학벌을 보장해주는 대학에 입학한 학생이나, 그렇지 못한 학생이나 모두 집에서 온라인 강의를 듣고 있다. 해외에서 유학하던 학생들도 모두 귀국하여 집에서 온라인으로 강의를 듣고 있다. 물론 강의 교수의 수준에는 차이가 있을 수 있고, 과정을 마쳤을 때 받는 졸업장에 찍힌 학교의 이름이 다를 수는 있다. 하지만 4차 산업혁명 시대의 혁신적인 변화는 교육 현장에도 엄청난 변화를 가져오고 있다. 펜데믹 이후 세상의 변화는 누구도 예측하지 못했던 시기에 상상할 수 없는 속도로 세상을 바꿔놓았다. 더이상 세상은 BC와 AD를 'Before Christ'와 'Anno Domini'가 아닌, 'Before Corona'와 'After Corona'로 나뉜다고 할 정도다.

만약 지금과 같은 추세라면 해외 유학은 무슨 의미가 있을까? 전국 각지에 지어놓은 역사와 전통을 자랑하는 대학교의 건물들이 다른 용도로 전환되어야 하지 않을까? 그래도 건물로서의 학교가 필요하다는 사실은 분명하다. 하지만 코로나와 같은 전염병의 대유행이 앞으로 반복될 가능성이 높다면 또 다른 상황을 예측하고 준비할 수밖에 없다. 온라인만으로 전달되지 않는 무엇을 경험하고 실습하기 위한 장으로서 학교 건물의 용도를 제한할 수도 있다. 전 세계의 대학들이 온라인에 강의를 공개하고 있다. 원한다면 학점을 이수했다는 증명서도 발급 가능하며 기업들이 그 과정을 일반 대학 과정보다 더 신뢰하는 분위기가 조성되고 있다. 현실적으로도 이름도 모를 대학에서 이름 모를 교수의 강의를 들었고 뭘 아는지 모르는지도 판별하기 힘든 사람을 채용하는 데는 많은 부담이 있다. 세계적으로 알려지고 인정받은 학교와 교수의 강의를 들었고 채용하는 회사에서도 그 내용을 확인할 수 있는 다양한 MOOC Massive Open Online Course, 온라인공개수업 에 비중을 더 두는 세상이 되어가고 있다.

필자는 나의 아이를 초 · 중 · 고 검정고시를 통해 학교를 마치게 했다. 같은 또래 다른 아이들이 중학교 3학년인 지금, 아이는 고등학교 졸업 검정고시를 마쳤다. 초등학교 과정은 별다른 준비 없이 검정고시를 패스했고, 중학교 검정고시도 기출문제 한두 번 풀어 보고는 쉽게 통과했다. 고등학교를 전혀 다녀본 적이 없기에 고등 학교 과정은 검정고시 전문기관을 통해 몇 개월의 도움을 받았다. 5~6개월이면 고등학교 과정을 웬만큼 마칠 수 있다고 했다. 대학 을 가기까지 12년이란 세월을 학교에서 보내야 한다. 무엇을 배우 기 위해서인가? 이미 사교육 천국인 대한민국에서 학원이 학교보 다 더 잘 가르친다는 것은 상식이다. 그런데도 초 · 중 · 고등학교를 12년이나 다녀야 하는 이유는 아이들이 학교를 행복해하기 때문일 까, 부모의 불안 때문일까?

학교가 학원에서 가르치지 못하는 것을 가르치기 때문에 보내는 것일까? 필자의 아이는 검정고시와 대안학교를 병행하며 교육을 받 아왔다. 대안학교 역시 귀족 교육과 엘리트 교육을 한다는 비난을 많이 받는다. 고액의 학비와 국제화된 교육이 대안학교의 기준이 되었기 때문이다. 그런 비난에서 예외인 학교에 다녔다. 공부나 성 적, 대학 진학이나 취업이 교육 목적이 아닌 학교다. 성품을 훈련하 고 관계성을 배우며 창의성과 자율성이 보장되는 교육을 하는 곳이 다. 도시에 있는 학교지만 산과 들과 개울을 다니며 자연을 맘껏 누 릴 수 있는 학교다. 어린 동생들을 돌보고 배려할 줄 알고 형들이나 교사들과도 스스럼없이 대화하고 관계를 맺을 수 있는 교육이 가능 한 학교다. 성적표는 없으며 공부의 진도를 확인할 수 있는 점검표 만 있다. 등수 역시 없고 경쟁이 없다. 시험은 공부의 성취도를 확인하기 위한 용도로만 존재한다. 학비는 학원 한두 곳 보내는 비용보다 저렴하다. 가고 싶은 대학보다 살고 싶은 삶을 물어본다. 부모로서 후회는 없다. 아이 스스로도 남다른 선택을 했고 남들과는 다른 길을 갈 뿐이라고 생각한다.

학교를 다시 정의해야 하는 시대가 되었다. 학벌을 내세우기 위한 졸업장도 의미가 없어지고, 대학을 가기 위한 필수 관문으로서의 의미도 없어진다면, 우리나라 초·중·고등학교가 존재하는 이유는 무엇일까? 취업 현장에서조차 출신 학교도 성적도 묻지 않는 블라인드 면접을 치르기 시작했다. 대학은 왜 존재해야 하는가? 학교 스스로가 질문하고 고민해야 하는 시대다. 전 세계의 교과과정이 온라인에 모두 공개된다면 앞으로 대학에는 교수 대신 커리큘럼 디자이너나 컨설턴트가 필요하게 되지 않을까. 시험 성적과 등수의 중요성이 현저히 떨어진다면 교사의 역할은 무엇일까? 이 모든 질문이 복잡하고 골치 아픈 현상인 것 같지만 그렇지 않다. 학교의 위기, 교직의 위기는 그만큼 우리가 정도에서 멀리 벗어났다는 뜻이다. 오히려 진짜 학교가 되어야 할 기회가 주어진 것이라 봐야 한다. 학교가 정말 존재해야 하는 그 일을 하도록 시대가 요구하고 있다.

학교는 진정한 스승과 제자의 만남이 이루어지고 동기와의 끈끈한 우정과 평생을 이어갈 공동체 의식이 만들어지는 현장이 될 수 있다. 지식의 전수만이 아닌 관계에 더 집중하는 현장이 학교가 될 수 있다. 학교가 진짜 교육을 할 수 있는 기회가 오고 있다. 먼저 받아들이는 자가 앞서가게 될 것이다. 세상을 바꾸는 교육을 할 수 있는 기회가 모든 학교에게 주어지고 있다. 관성에 떠밀려 이전과 변함이 없는 학교는 소멸될 것이다. 새로운 기회를 붙잡고 변화를 수용하는 학교가 생존할 것이다. 이 기회를 살려낼 수 있다면 대한민국은 코로나의 위기를 잘 극복한 나라만이 아니라 아이들과 시민들의 삶이 진정한 행복을 누리는 나라로 세계에 알려지게 될 것이다.

찾아가고 싶은 스승이 없다

학생들은 초·중·고·대학교까지 약 16년 동안 수많은 교사와 교수들을 거쳐간다. 아이들에게 종종 묻는다. 다시 뵙고 싶은 스승이 있냐고. 내 마음의 스승, 내 영혼의 스승, 내 인생의 스승이라고 말할 선생님을 만나본 적 있냐고 물으면 거의 없다. 아이들에게 말해준다. 너희들이 거쳐왔던 선생님과 교수님도 안됐지만 너희 인생이 더 가엾다고. 군사부일체君師父一體라는 말이 있다. "임금과 스승과 아버지의 은혜는 다 같다"는 뜻이다. 선생님의 위상이 한없이 높았던 때인가보다. 찾아갈 스승이 없다는 것은 스승의 부끄러움이기도 하지만 아이들의 불행이기도 하다. 임금과 스승과 부모가 하나라는 말은 그만큼 인생에 중요한 사람들이라는 뜻일 텐데 그럴 사람이 없어졌다는 말이다. 누군가를 존경하고 흠모하고 그리워한다는 것은 닮고 싶다는 뜻이다. 닮고 싶은 사람, 살고 싶은 인생이 있으면 최소한 절반의 성공이다. 공부에 동기부여가 중요하다면 닮고 싶은 스승, 살고 싶은 인생을 만나게 하면 된다.

교육 현장에서 교사의 중요성은 절대적이다. 학교의 교육이념과 철학이 좋고 학교 설립자나 교장이 교육의 열정이 불타올라도 학생들에게 가장 큰 영향을 미치는 사람들은 교사다. 좋은 교육 철학과 이념이 있어도, 그것이 잘 반영된 교육 과정이 없고 그 과정을 숙지하고 구현해낼 수 있는 교사가 없다면 아무리 좋은 교육도 탁상공론에 그치고 만다. 교실에서의 절대적 권한이 교사에게 주어진 만큼 학생의 삶에 대한 책임도 교사에게 있다. 그렇기 때문에 교사는 교사의 권리만 주장하고 학생의 삶에 대한 책임은 회피하면 안 된다.

교사의 권위가 땅바닥에 떨어진 시대를 살고 있다. 아이들에게 말 한 마디 제대로 할 수 없다. 체벌 문제도 논란이 많다. 학생들이 사용하는 은어만 봐도 교사에 대한 그들의 인식이 드러난다. 담임 선생을 친근하게 표현하거나 비하하는 '담탱이', 수업을 지루하게 하는 교사를 '수면제'라고 부른다. 교사나 부모도 뜻을 몰라 주변에 묻거나 인터넷 검색을 통해 뜻을 찾아보는 정도로 심각하다. 아이들만 나무랄 수 있을까? 아이들도 존경하거나 좋아하는 사람에 대해서는 예의를 갖출 줄 안다. 관계 설정이 우선인 아이들에게 당연한 권위를 행사하려 하면 저항에 부딪히게 마련이다. 싫어하는 교사의 과목은 소홀하고 좋아하는 교사의 과목은 싫어도 열심히 하는 것이 아이들이다.

신뢰와 존경은 자리나 위치로 당연히 얻어지는 것이 아니다. 4050세대인 부모가 살아왔던 시대의 가치가 1020 자녀 세대의 가치와 같을 수 없다. 10년이면 강산도 변한다고 했는데 30년도 더 차이가 난다. 변화의 속도가 10년 주기가 아니라 한 달, 한 주의 변화도 따라가기 빠듯하다. 부모는 열심히 하면 된다지만 아이들은 열심히만 해서는 안 되는 세상에 살고 있다. 좋은 대학만 가면 어느 정도 미래가 보장되던 시대가 저물고, 이제 수평적 구조로 학벌과 학력의 특혜가 무너지는 시대에 살고 있다. 소유보다 공유가 우선하고, 대단한 성공보다 일상에서 느끼는 작지만 확실한 행복 즉, '소확행'을 중요시한다. 관계성도 수직 관계에서 수평 관계로 전환하지 않으면 '꼰대' 취급받으며 마음을 얻기 힘들다. 아이들에게 영향을 미치려면 먼저 마음을 얻어야 한다. 합의되지 않은 권위를 남용하여 짜인 틀 속에서 복종을 요구하는 것에 가장 강하게 저항하는 세대다. '나는 당신에게 그런 권위를 허락한 적이 없다'고 생각하는 것이 지금 세대다. 존경 받고 싶으면 존경 받게 말하고 행동하라고 당돌하게 요구하는 세대다.

포스트모던 문화의 영향으로 권위가 해체되고 획일성보다는 다양성이 중시되는 경향이 아이들의 심성에 내재되어 있다. 팬데믹으로 인한 온라인 수업이 학생들이 집중하기는 어려워도, 화면 속에 교사와 학생이 한자리에 있는 것을 수평적 구조라고 환영하는 분위기도 있다. 늘 앞에 서서 모두를 내려다보며 일방적 강의를 하는 방식이 아닌 모두가 동등한 화면 속에서 만나는 온라인 상의 자리 배치만으로 생각의 변화를 일으킨다. 변화의 동인이 무엇이든 교육의 본질로 돌아가게 하고 학교의 본질을 고민하게 하면서, 교사의 역할에 변화가 일어나고 있다. 변화가 모든 면에서 긍정적일 수는 없으나, 시대적 변화에 맞출 수밖에 없는 분위기가 강제되는 것은 환영해야 할 측면도 있다.

교사의 권위가 살아나고 교실의 생동감이 살아나기 위해서 필연적인 변화가 요청된다. 온라인 수업이 늘어나고 일반화될수록 교사의 역할도 변할 수밖에 없다. 지식 전달과 정보 습득의 채널이 온라인으로 옮겨가면서 교사들은 무한 경쟁에 노출되게 된다. 온라인 강의에서는 콘텐츠의 치밀함뿐만 아니라 전달력에 있어 쌍방향 소통에 능하지 않으면 외면당한다. 전 세계 10억 가까운 사용자가 이용하는 SNS 틱톡Tiktok의 동영상 길이는 15초에서 1분 정도에 불과하다. 이런 이러한 숏폼Shot form 콘텐츠에 익숙한 아이들의 시선을 1시간 가까이 잡아놓거나 두세 시간 연강을 하는 일이 얼마나 힘든지는 쉽게 상상이 된다. 그렇다고 모든 교사가 춤출 수도 없는 일이고, 자막이나 특수효과를 남발할 수도 없는 일이다.

지식사회에서 정보사회로 넘어갔다고 하지만 교육은 여전히 지식 전달 위주에 머물러 있다. 지식을 많이 소유한 사람이 권위를 가지던 시대는 모더니즘 시대로 끝났다. 교육이 지식의 전달만이 아니라 원만한 인격도 함께 갖추도록 돕는다는 의미로 돌아가야 할 시간이다. 자연스레 교사의 역할도 후자에 더 초점을 맞추어야 하는 시대다. 인격적인 관계를 기반으로 한 인성 교육이 교육의 성패를 좌우하는 시대다. 사회가 똑똑한 사람이 아니라 함께 일할 수 있는 사람들을 찾고 있다. 독불장군보다 협업 잘하는 사람이 인정받는다. 집단지성이 개인의 탁월함을 넘어선다. 협업, 집단지성, 팀워크, 리더십, 프로젝트 모두가 개인의 성숙한 인격과 관계성에 기초해야 가능한 시대다.

코로나 바이러스와 같은 전염성 질환이 유행하지 않더라도 단순지식과 정보의 전달은 온라인이 더 효율적이다. 온 세계가 동시에 참여할 수 있다. 그러나 교육이 단순 지식과 정보 전달로 완성될 수 없다고 믿기에 교육의 본질과 학교의 존재 이유, 교사의 역할이 재조명되고 재정의되어야 한다. 이제 교사의 가장 중요한 자질은 말보다 성품으로 얼마나 가르칠 수 있느냐다. 성품이 말보다 크게 말한다고 알고는 있었으나, 말만 잘하고 결과만 좋으면 박수를 받던 시대가 끝났다. 성숙한 성품을 바탕으로 관계성 중심의 교육을 하지 않으면, 교육도 학교도, 교사도 학생도 모두 실패하고 만다. 원래부터 교사가 존경받을 수 있는 열쇠는 인격에 있었다. 언제부터인가 참 교사상은 인격보다 실력이 되었고, 그 결과 실력은 좋으나 인성은 쓰레기라고 표현하는 사람들이 양산되기 시작했다. 성과만으로 눈감아주던 조직문화도 변했다. 팀이 깨지고 인재가 떠나면 성과도 추락하는 상식을 모를 리 없다. 이익 집단이기에 이익을 위해 본질을 택해야 하는 시대가 되었다는 것도 아이러니한 일이다.

교육은 만남에서 출발한다. 좋은 교사와의 만남이 좋은 학생을 만들고, 좋은 세상을 만든다. 흔들리지 않고 피는 꽃이 없기에 그 시기를 함께하는 인생의 동반자가 중요하다. 친구가 달리 친구일까? 문제를 해결해줄 돈이 있고 인맥이 있어 청소년기의 친구가 되겠는가? 곁에 있어주기 때문에 친구이다. 말없이 곁에 있어주는 부모와 교사가 드물기 때문에 친구가 최고이다. 친구 같은 교사나 부모를 싫어하는 아이들은 없다.

멘토링이나 코칭이라는 말이 리더십이라는 말보다 많이 회자되는 배경도 마찬가지다. 리더나 리더십이 이전 세대에게 독보적인 탁월함과 독자적인 권위를 뜻했기 때문에, 지금 세대에게는 '두드러기 나는' 개념일 뿐이다. 오히려 이들은 수평적인 관계와 돌봄이 함께하는 의미의 '멘토'와 '코치'라는 개념을 더 좋아한다.

교사와 교수의 역할도 바뀔 수 있다. 전 세계가 만들고 공유하는 교육 콘텐츠의 홍수 속에서 개인의 역량만으로는 한계에 부딪힌다. 오히려 양질의 콘텐츠를 찾아내, 우리에게 맞는 교육 과정을 디자인하거나 컨설팅하는 역할이 더 중요해졌다. '인강인터넷 강의'에 익숙한 아이들일수록 콘텐츠 선정이 중요하다. 잘 짜인 온라인 콘텐츠를 함께 보며 필요한 부분을 보충하고 코칭하는 역할이 더 중요해졌다. 오프라인 교실에서 진행하던 수업을 온라인으로만 옮겨놓으면 교육적 효과는 더 떨어질 수 있다. 온라인을 활용할수록 오프라인은 더 중요해진다.

지금 시대는 교사에게 참 스승이 될 기회를 부여하고 있다고 할수 있다. 지식의 전수와 점수 올리는 일만이 아닌, 고마움을 기억하고 다시 만나고 싶은 스승으로 남는 길을 택해야 한다. 교사는 학생한 사람의 인생을 바꿈으로써 세상을 바꿀 수 있다. 한 사람의 세상이 모여 우리가 살아가는 세상을 만들기 때문이다. 자기 삶을 쪼개제자의 삶을 새기는 교사가 진짜 교사다. 학교를 떠나서도 제자들이 기억하는 교사가 앞서가는 교사이며 존경받는 스승이다. 스승의삶의 흔적과 향기를 삶에 품고 살아가는 제자가 있다면, 그 스승은참 괜찮은 스승이다.

졸업장만 있으면 모든 것이 해결되나?

간혹 묘비에 '학생學生 ○○○'이라고 적힌 글자가 있다. 공부하는 학생을 뜻한다기보다 학문을 닦았으나 벼슬에 나가지 않고 생을마친 '진짜 공부하는 사람'이란 뜻에 가깝다. 어쩌면 인생이 그 자체로 학교이며 모든 인간은 학생이다. '인생학교' '평생 교육'이라는 말이 유행하는 시대에 살고 있지만, 아이들 입장에서는 끔찍한 말이다. 그 지겨운 학교를 영원히 졸업할 수 없다는 말인가? 어떤 아이는 숨이 막힌다고 했다. "수업은 마치는 맛으로 듣고, 학교는 졸업하는 맛"으로 다닌다고 한다. 시작이 있으면 끝이 있어야지 인간을 평생 붙잡아두고 괴롭히면 안 된다. 그러나 인생이 배움이라면 졸업은 틀렸다. 죽어야 졸업하는 것이 인생학교라니.

이른바 명문대를 졸업한 사람들 가운데 졸업장을 액자에 넣어 거실 벽에 장식처럼 걸어놓는 사람들이 있다. 그 졸업장을 받기까지 지불한 나름의 대가를 생각하면 그럴 만하다는 생각도 든다. 졸업 앨범도 고이 간직하는 사람들이 많다. 요즘엔 앨범 값이 비싸서 사지 않는 학생도 많다. 감상보다 실용을 택하는 것이다. 어쩌면 졸업장이나 졸업이라는 것이 예전과는 의미가 달라졌기 때문일 수도 있다. 어떻게 해서든 빨리 떠나고 싶은 학교라면 굳이 추억하고 간직하고 싶지 않을 수 있다. 어떤 아이들의 말처럼 지옥 같고 지긋지긋한 학교는 벗어나고 싶을 뿐이다. 졸업했다는 것이 무언가 인생에 도움이 되고 보탬이 된다는 생각이 들지 않기 때문일 것이다. 졸업장 한 장 받아들고 사회를 향해 희망찬 걸음을 내딛던 시대가 저물어가는 것이다. 최대한 졸업을 늦추기 위해 휴학을 할 수 있는 만큼 꽉 채워서 졸업하는 대학생도 많아졌다. 졸업 이후의 삶이 보이지 않기 때문이다.

졸업은 무엇을 보장해주며, 졸업장은 인생에 어떤 의미가 있을까? 졸업장의 의미를 어떻게 받아들이느냐에 따라 학교와 교사, 학창 시절의 의미가 달라질 것이다. 지금 세대는 최소한 졸업이 능사는 아니라는 것에 공감하는 듯하다. 몇 년을 투자해서 얻은 졸업장이 몇 개월 투자해서 얻은 자격증 하나보다 가치가 없는 경우도 있다. 요즘 대학생들과 대화를 하다가 우스갯소리가 생각났다.

영문도 모르고 영문학과를 진학하고, 자동차도 없는데 자동차공학과에 진학했다. 돈도 없는데 회계학과에 진학하고, 회사도 없는데 경영학과에 진학했다는 이야기다. 성적에 맞춰 전망이 괜찮다는 이유로 진학했기 때문에 졸업도 큰 의미를 부여하지 않는다. 교육은 진학이나 졸업보다 중요한 할 일이 있다. 졸업 후 미래를 개척해나갈 대한민국의 젊은 세대를 키우는 일이다. 어디에 있는지도 모를 졸업장 한 장 얻게 하는 교육이 아니라 인생을 마주할 자신감을 얻게 하는 교육을 말이다.

학교는 '자기'를 찾으면 졸업하는 것이다. 자기를 아는 사람은 교과서 한 권이 없어도 길을 찾지만, 자기를 알지 못하는 사람은 1만 권의 책도 만점도 소용이 없다. 고등학교나 대학교를 졸업하는 아이들이 무슨 대단한 철학자여서 평생 가도 모를 자기를 찾을 수 있을까 생각할 수 있다. 철학적인 질문은 정답을 찾는 것이 아니라 과거를 매듭짓고 앞으로 나아갈 용기를 얻는 데 유익하다. 자신을 다 이해하는 것이 아니라 눈앞에 놓인 갈림길에서 최소한 자신의 용기 있는 선택으로 움직여야 후회가 적다. 아무 생각하지 말고 공부만 하라는 엄마의 말씀에 순종하다보니 자신의 생각이 없어진 지금 세대에게 자기 생각의 힘을 길러주는 교육을 하자는 것이다. '선택 장애'나 '결정 장애'와 같은 말이 성행하는 이유가 있다. 자기 생각의 힘을 기르는 인문학적 기초 없이 성적과 등급에만 목매는 주입식 교육이 아이들을 망치고 기업을 망치고 나라를 어렵게 했다. 지금이라도 늦지 않았다. 진학이 목적이 아닌 진로를 찾는 것이 목적이어야 한다. 졸업보다 미래를 개척할 용기와 꿈을 품는 것이 중요하다. 졸업장은 걸림돌이 아니라 디딤돌이 되어야 한다. 디딤돌이 된다는 것은 좋은 학교의 졸업장이어서가 아니다. 내가 좋아하는 공부를 즐겁게 했기 때문이다. 지금은 배움의 기쁨을 만끽하고 캠퍼스 생활의 추억을 간직하고 아쉬움으로 교정을 몇 번이나 돌아보는 졸업생을 찾기 힘들다. 졸업식에도 가지 않는 아이들도 많다.

나를 찾아야만 졸업하는 학교

우리 세대가 자라던 시기만 해도 학교는 아파도 가야 하는 곳이었다. 지독한 엄마 중에 "죽어도 학교에 가서 죽으라"는 사람도 있었다는 전설이 있다. 성적 우수상은 못 받아도 개근상이라도 받아야 한다는 욕심과 자존심이 낳은 부작용이다. 초등학교를 졸업하면 당연히 중학교를 진학해야 했고, 중학교를 졸업하면 고등학교에 가야 했다. 그것조차 시험을 쳐서 가던 시절도 있었지만, 오늘날 상급 학교 진학은 당연한 인생 수순이다. 이제는 대학교 진학도 당연하고, 가지 않는 아이들은 문제가 있는 아이 취급을 받는 사회가 되었다. 모자란 아이라고 생각하지는 않더라도 특이한 아이라는 시선을 받는다. 지금도 여전히 대학을 거부하려면 대단한 용기가 필요하다. 왜 당연히 진학해야 하는 걸까? 유치원을 졸업한 아이가 부모에게 왜 초등학교에 가야 하는지 물어본다면 부모는 뭐라고 대답해야 할까? 초등학교를 마친 아이가 중학교에 꼭 가야만 하는 이유가 무엇이냐고 묻는 일은 없어야 하는 걸까? 고등학교와 대학 진학도 마찬가지다.

나라에서 정해놓은 과정만 마치면 제대로 교육받은 걸까? 짜인 시간표대로 수업 듣고 시험만 잘 치면 제대로 교육받은 걸까? 아이들은 성장하고 있는 걸까? 나의 길은 잘 찾아가고 있는 것일까? 내가 원하는 삶은 무엇일까? 산다는 것은 또 무엇일까? 질문할 여유가 없다. 물어도 설득력 있는 답이 돌아오지 않는 질문이다. 쓸데없는 생각 말고 공부나 열심히 하라는 핀잔을 듣기에 딱 좋은 질문들이다.

하지만 내 아이가 대답하기 부담스럽지 않을 만큼만 가끔 질문을 던지며 대화의 주제로 올려놓을 필요가 있다. 무엇을 하라는 압박이 아니라 무엇을 하고 싶은가 묻는 것, 잘해야 된다는 부담이 아니라 즐겁게 하고 있는가 묻는 것이다. 스스로 답하기 어려워도 종종 묻고 대화하다보면 어느 순간 아이는 자신의 답을 찾기 시작할 것이다.

갭이어Gap Year라는 제도가 있다. 왜 가야 하는지 모르는 학교에 대한 질문을 해볼 수 있는 기회다. 왜 공부하는지 물어볼 수 있는 시간이다. 교과서에 갇힌 교육에 머무르지 않고 세상이 교과서가 되는 교육의 기회다. 이유도 모르고 교실에 갇혀 참고 또 참는 인내만 배우는 자녀를 보다 못한 평범한 학부모가 시작한 '꽃다운 친구들'이라는 갭이어 프로그램도 생겨났다. '1년의 방학'이라는 콘셉트로 아이들이 정말 하고 싶은 것을 하며 시간을 함께 보낸다. 중학교 졸업 후에 고등학교 진학을 미루고 학업도 쉬면서 자기를 돌아보고 세상을 경험하는 시간을 가지는 것이다. 대안학교가 아니기에 교과학습도 하지 않는다. 요리, 친구 만들기, 다양한 직업을 가진 어른들 만나기, 민주 시민 교육, 소외된 이들과 친구 되기, 국내외 여행, 인생 설계 등을 통해 삶의 방향성과 가치를 확립하는 시간을 가진 후 고등학교에 진학한다. 1년간의 방학에 참여하는 대다수 아이와 부모들이 만족할 만한 결과를 얻고 있다.

갭이어는 학업을 잠시 중단하거나 병행하면서 봉사, 여행, 진로 탐색, 인턴, 창업 등의 다양한 체험 활동을 통해 자신의 진로를 찾는 여유를 가지는 것이다. 해외에서는 이미 수십 년 전부터 시행되던 과정이지만, 한국에는 소개된 지 얼마 되지 않았다. 공교육 제도 안에서 갭이어를 가지는 오디세이학교가 2015년 개교하기도 했다. 또한 2016년도에 도입된 자유학기제가 전국 대다수 중학교에서 실시되고 있다. 자유학기제에서 자유학년제로 확대되어 중학교 과정 중 1년 동안 지필고사가 면제되고 다양한 활동을 통해 자신의 진로를 탐색하고 평가를 벗어난 창의적이고 학생 주도적인 학습활동을 진행할 수 있는 제도이다.

이런 제도를 공교육에서조차 도입하는 이유는 분명하다. 성적도 중요하고 대학 진학도 중요하지만 수십 년 그런 교육이 망쳐놓은 한 세대를 보며 반성하는 것이다. 경주마처럼 옆을 돌아볼 여유 없이 앞만 보고 달리게 했던 교육의 결과가 문제가 있었다는 것을 스스로 인정하는 것이다. 그럼에도 불구하고 아직도 대다수 가정과 학교에서는 여전히 아이들을 외길로 몰아넣고 무한 경쟁하도록 부추기며 그 길에서 탈락하면 인생 실패자로 낙인 찍는 일이 성행하고 있다. 부모와 자녀들을 많이 상담해본 결론은, 부모의 불안이 자식에게 투사되고 있다는 것이다. 부모가 가진 불안을 어려서부터 자녀에게 주입하여 결국 자녀에게까지 그 불안에 시달리게 하는 것이다. 많은 20대 자녀를 둔 부모들을 상담하며 때늦은 후회를 하는 것을 보았다. 학업과 진로 문제로 자녀와의 관계가 돌이킬 수 없을 정도로 무너진 가정도 많이 보았다. 부모의 말에 의하면 좋은 대학만 들어가면 무엇이든 될 것이라 했지만, 졸업 후에 그들이 마주한 현실은 그렇지 않았다. 좋은 대학은 둘째치고 어떻게든 대학만 졸업하면 무슨 길이든 열릴 것이라 생각했지만, 그런 일은 일어나지 않았다. 지금 세대는 그런 현실을 마주하고 당황하고 있다. 시간이 흐를수록 막막함만 더해가는 세상이 오리라고 누구인들 상상은 했을까?

대안학교도 상황은 크게 다르지 않다. 초창기에는 공교육에 적응하기 힘든 아이들을 위해 시작된 학교들이 많았다. 시간이 지나며 입시지옥에 시달리는 아이들을 위해 참다운 교육을 해보려는 학교들이 많이 생겨났다. 더이상 대안학교는 세간의 기준으로 볼 때 문제나 학교 부적응 아이들이 가는 학교가 아니다. 오히려 돈 없고 공부 못하는 아이들은 가지 못하는 학교가 더 많아지는 기현상이 벌어지고 있다. 학교의 위상을 높이고 홍보에 유리한 고지를 차지하기 위해 해외 명문대 진학을 목표로 홍보하는 곳도 생겨나기 시작했다. 새벽부터 밤까지 공부에 시달리며 일반 학교 아이들의 두세 배 학습량을 소화해야 하는 학교도 있다. 귀족 교육과 엘리트 교육이라는 비난에도 직면해 있다. 국제 교육을 받으며 해외 대학 진학을 꿈꾸다 한국의 대학도 해외 대학도 진학하지 못하고 방황하는 아이들도 있다. 대안학교 출신 아이들은 "모 아니면 도"라는 말도 나돈다. 대안학교들도 나름의 설립 목적에 따라 길을 정하고 학생을 가르치며 사람을 키우는 역할을 하고 있지만 쉽지 않은 상황들을 헤쳐나가야 한다. 졸업생들의 진학과 진로를 놓고 고민이 많다.

대학교는 꼭 가야만 할까? 가야 할 이유가 있다면 가면 된다. 졸업장이 아니라 대학 안에서 경험하는 교육이 필요하기 때문이다. 그 안에서 이루어지는 교육에 대한 신뢰가 없다면 다른 선택을 하면 된다. 남다른 인생을 살고 싶으면 선택을 해야 한다. 나답게 살고 싶으면 내가 선택해야 한다. 그런 측면에서 국가가 주도하는 교육이라면 기회는 모두에게 주어져야 한다. 교육은 경쟁이 되면 안 된다. 모두가 하고 싶고 배우고 싶은 것을 경험하도록 기회를 주는 것이 교육이다. 얼마만큼 자기 것으로 만들고 소질이 있는지는 스스로 찾아가게 되며 교육의 과정에서 드러나게 된다. 선택을 해도 스스로 하고 포기를 해도 스스로 해야 한다. 배움의 기회가 제한되는 것은 교육이 아니다. 대학입시가 말이 되지 않는 이유다. 배우고 싶다는 아이들에게는 무조건 기회가 주어져야 한다. 중도에 포기하더라도 최소한 그것이 자신의 길이 아니라는 것은 배우게 되기 때문이다.

인생에는 정답이 없다. 정답이 있다면 나의 답을 찾는 것이다. 자신을 알고 자신의 길을 찾고 용기 있게 가면 된다. 세상 모든 문제가 옳고 그름만 있는 것은 아니다. 좋은, 더 좋은, 최고와 최선의 선택도 있다. 결국은 자기를 찾고 길을 찾는 교육이 중요하다. 학생은 자신을 알고 길을 찾는 방법을 찾은 뒤 졸업해야 한다. 앞서 말했듯 원하는 대학도, 하고 싶은 전공도 아닌 학과를 졸업하여 전공과 상관없는 직장에 들어가야 하니 입학과 졸업, 취업이 모두 힘든 것이다. 더 늦기 전에 첫 단추부터 다시 채워야 한다. 교육은 나를 알고 너를 알고 우리가 되어 살아가는 삶의 훈련장이다. 나도 너도 모르는 아이들이 우리로 살아가야 할 사회생활을 잘할 것이라는 기대 자체가 잘못되었다. 지금의 교육 현실 속에서 할 수 있는 최소한의 주장이라면 '나라도 알고 졸업하자' 정도다. 학교는 적어도 나를 찾고서야 졸업하는 곳이어야 한다.

chapter 3

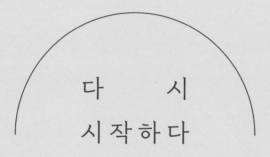

다 시
시작하다

항상 지켜야만 하는 기초들

세계 최고 천재들은 다 갖췄다는

'세계 최고의 인재들은 다 이것을 한다'는 책들이 많다. 성공하는 사람들의 습관에 대한 책도 많다. 요즘엔 대놓고 '부자들의 습관'이라는 제목이 붙은 책도 나온다. 이는 경제적 기준으로 인간 삶의 성공과 실패를 논하는 의식구조에 갇혀 있음을 말해준다. 제목은 자극적이지만 내용을 들여다보면 평이한 내용이 많다. 도쓰카 다카마사의《세계 최고의 인재들은 왜 기본에 집중할까》라는 책에 나오는 기본도 너무나 평범한 것들이다. 인간관계, 자기계발, 시간 관리, 의사 소통 등이 중요하다는 내용이다. 세계 최고의 인재들이라 뭔가 특별한 것을 갖췄을 것이라 생각하고 비밀을 찾는 마음으로 책을 열었다면 분명 실망할 것이다. 그럼에도 불구하고 신기한 것은 그렇게 세계 최고의 인재를 키우고 싶어 하는 한국의 초·중·고·대학교에서는 이런 것을 가르치지 않는다는 것이다. 대학에는 좋은 인재가 와서 졸업 후 성공적인 인생으로 학교를 빛내줘야 경쟁력이 높아진다. 하지만 그런 인재들이 갖추어야 한다는 것들을 가르치지 않는다. 온통 학교가 점수와 성적 같은 숫자놀이와 학사와 석박사와 같은 학위증 장사에 혈안이 되어 있는 것 같다. 학위는 땄으나 성공할 자질은 갖추지 못한 사람의 인생은 자괴감이 더 깊고 크다.

그렇다면 어떻게 해야 할 것인가. 문제를 나열하자면 끝이 없지만 대한민국 교육의 근원적인 문제는 본질에서 벗어난 데 있다고 본다. 교육과 학교, 교사의 본질이 다시 회복되도록 해야 한다. 본질을 지키는 학교와 기업이 장수한다. 취업이 학교 교육의 최대 화두가 되면서 대학에 학과 개편이 일어났다. 취업에 불리한 학과는 인기 없는 학과가 되어 폐지나 통폐합되기도 했다. 특히 인문계열 학과들이 철퇴를 맞았다. 대학 내 인문사회계열 학과들은 정원 미달에 과목 폐지를 넘어 학과가 없어지기도 했다.

아이러니한 현실은 인문학이 출판 시장이나 자기계발 시장에서는 최고의 인기를 누리고 있다는 것이다. 기업 역시 인문학적 소양을 강조하고 직원 교육에 반드시 포함하는 영역이다. 그러나 대학에서의 인문학은 비인기 학과로 천대받고 있다. 무엇이 문제일까? 근원적인 이유는 학생들이 지원하지 않는다는 것이다. 학생들이 지원하지 않는 이유는 취업에 별 도움이 되지 않기 때문이다. 물론 지루하고 재미없다고 생각할 것이다. 방송을 통해 접하는 인문학 강연들은 나름의 재미도 있는데 학교 수업은 지루하고 고리타분하다고 생각할 것이다. 어려서부터 인문학적 소양을 키우지 못한 아이들이 대학 와서 갑자기 인문학을 접하는 현실도 문제다.

　고3 수험생들의 논술을 자세히 들여다보면 인문학과는 아무 관련이 없다. 모범 답안에 최대한 가까운 글을 옮겨 적는 학생이 점수를 잘 받는다. 자기소개서를 보면 더 한심하다. 스스로 자기를 소개하는 글 한 장을 제대로 쓰지 못한다. 엄마가 대신 써주고 그것조차 과외 선생님이 대신 써줘야 한다. 모든 초점이 높은 점수를 받는 일과 좋은 대학에 가는 일에 맞춰져 있으니 공부의 본질을 살릴 수 없다. 성적은 뛰어나도 세계 최고의 인재가 되기에는 턱없이 부족하다. 해외 유수의 대학에 입학하고도 중도 탈락률이 높은 이유다. 필자가 미국 유학 당시에도 미국 북동부의 꽤 좋은 대학에 다니던 한국 유학생이 한국에 있는 엄마에게 숙제를 해달라고 보냈고 그 숙제를 다시 미국에 있는 친척 조카들에게 부탁해서 돌아온 것을 본 적도 있다. 이미 싹이 노랗다. 기본부터 다시 가르쳐야 한다. 성적은 뛰어난데 스스로 할 줄 아는 것이 없다면 인재ㅅㅓ라고 불릴 수 있을까? 사실 방법은 쉽다. 학교 교과목도 전부 바꾸고 입시제도도 다 뜯어고치면 된다. 이 쉬운 일을 절대로 할 수 없는 것이 한국 교육의 현실이다. 대학입시가 바뀌지 않으면 중·고교 교육 과정은 바꿀 수 없다. 우리나라도 수능 성적으로 학생을 선발하지 않는 학교들이 늘어나고 있다. 미국도 미국 대입시험인 SAT나 TOEFL 성적 없이 학생들의 생활기록부나 활동경력, 수상경력 등으로 전형을 보는 곳이 늘어나고 있다.

우리가 키우는 자녀와 가르치는 제자들이 정말 좋은 인재가 되기를 원한다면 다른 선택을 해야 한다. 시험 잘 보는 아이가 되도록 가르치면서 결과는 모든 것을 전부 잘하는 아이가 되길 바라는 것 자체가 모순이다. 가치관이 정립되지 않은 아이에게 어떤 가치를 결정하게 하는 것만큼 위험한 일은 없다. 기초가 부실한 건물은 바닥까지 무너지듯 기초가 부실한 학력과 학벌도 언젠가는 밑바닥을 드러내게 되어 있다.

인재 人材 가 없으면 인재 人災 가 발생한다

교육의 두 기둥은 인성과 실력이다. 실력만 좋고 인성이 안 좋은 사람이나, 인성은 좋은데 실력이 없는 사람을 인재라고 부를 수는 없다. 실력은 탁월하지만 배려가 없고 협업할 줄 모르고 이기적인 욕심만 채우는 사람은 사회에 보탬이 되기보다는 장기적으로는 걸림돌이 된다. 사람은 한없이 좋으나 맡은 역할을 수행할 준비나 실력이 갖추지 않은 사람도 다른 많은 사람과 전체에게 부담이 된다. 인재 人材 라는 말은 특별하다는 뜻이 아니다. 학식이나 능력을 갖춘 사람이라는 뜻이다. 인재 人才 라는 말도 있다. 모든 사람이 같은 직업, 같은 능력을 갖추고 있는 세상은 망한다. 인재들이 각자의 학식과 능력으로 협업하여 돌아가는 것이 세상의 이치다. 자신의 역할을 잘 수행할 수 있는 능력을 갖추고, 협력하는 다른 사람들을 존중하며 함께 살아갈 세상을 만들어가는 것이다.

2021년 6월 17일 경기도 이천 쿠팡 덕평물류센터에서 화재가 발생했다. 직원들은 모두 대피하였으나 소방청의 섣부른 초기진화 판단으로 김동식 소방대장이 순직하는 안타까운 사고가 있었다. 뒤늦게 국회에서는 '화재안전 기준강화 5법'을 발의했으나 세상을 떠난 한 가장이 가족의 품으로 다시 돌아오지는 않는다.

2020년에도 이천 물류창고 화재로 38명이 목숨을 잃은 사건이 있었다. 사고 직후에 발표된 원인은 '안전 불감증과 불법적인 공사 관행이 불러온 인재人災'였다. 이천에서는 2008년에도 냉동 물류창고 화재로 40명이 사망하는 사고가 있었다. 2008년에 일어난 사고의 원인도 '형식적인 소방 점검과 안전 불감증'이라고 보도되었다. 12년 동안 달라진 것이 없다. 무엇이 달라지지 않았을까? 관행慣行이다. 해오던 대로 하는 것이다. 대충 해왔으면 12년 뒤에도 대충하는 것이다. 누가 할까? 사람이다. 책임을 맡은 사람이 사람을 죽인 것이다. 인재人材가 없으면 인재人災가 발생한다. 안전관리를 책임지는 사람의 안전 불감증이 사람을 산 채로 타죽게 만든 것이다. 한국산업안전보건공단이 화재사고 위험을 몇 차례 경고했음에도 개선하거나 대비하지 않은 탓이다. 자신의 자리에서 제 역할을 해야 하는 사람들의 태만이 만들어낸 인재人災다.

모든 것을 교육 탓으로 돌릴 순 없지만, 사람을 존중하는 교육, 원칙과 법을 준수하는 교육, 안전 교육만이라도 제대로 받았다면 그렇게 처신하지 않았을 것이다. 학교 교육뿐만 아니라 직업 현장에서도 지속하는 안전 교육, 직무 교육 등 어디든지 교육이 개입한다. 교육만 받는다고 사람이 변할까? 그렇지 않다. 어떤 교육이냐가 중요하다. 우리는 어떤 문제가 생기면 보통 무용론부터 들고나온다. 학교에 문제가 생기면 학교가 무슨 소용이냐고 말하고, 정부가 잘못하면 정부가 무슨 소용이냐고 말한다. 국회에 불만이 있으면 국회를 없애버렸으면 좋겠다고 한다. 무용론이 아니라 제대로 움직이도록 하는 것이 중요하다. 학교가 필요 없는 것이 아니라 제대로 된 학교가 필요하고 국회가 필요 없는 것이 아니라 제대로 된 국회의원을 세우는 것이 중요하다. 회사가 문제가 아니라 회사를 제대로 경영하지 못하는 사람이 문제다. 직장생활 자체가 문제가 아니라 직장을 지옥처럼 만드는 사람이 문제다. 사람이 제대로 사람 구실을 하지 못하면 사람이 다치거나 심한 경우 생명에 위협이 된다.

'백 년'을 내다보는 교육부장관도 교육감도 찾아보기 힘들다. 임기 동안 현안 해결에 급급하다가 마무리하는 모양새다. 임기가 백년이 아닌데 백 년을 생각하라는 것도 과한 주문이기는 하다. 그래도 한 사람이 5년, 10년이라도 미래를 내다보고 기초를 조금씩 넓혀나가면 언젠간 백 년 기초가 놓이지 않을까 하는 생각도 해본다. 지금 나무를 심어야 몇십 년 뒤에라도 집 지을 재목이 생긴다. 사람 키우는 일은 쉽게 그 결과를 확인하기 어렵다. 누군가 씨를 뿌려도 한 세대 안에서 그 열매를 따먹기 힘들다. 시간이 지나도 잘 보이지 않는다. 그래도 누군가는 가야 하는 길이다. 대한민국의 모든 문제의 근원에는 인재의 부재가 있다.

인재 人材 는 인성 人性 이 우선이다

인성을 집에 비유한다면, 기초는 정체성이고 기둥은 관계성이며 지붕은 사회성이다. 이 모든 것에 가장 근원적인 영향을 미치는 환경이 가정이다. 그런 의미에서 건강한 인성의 기초는 가정에서 형성된다. 그 말은 부모와 가족이 중요한 역할을 한다는 뜻이다. 인간은 관계의 존재이기 때문에 그가 어려서 관계를 맺었던 사람들을 통해 자기 존재를 인식해나가기 시작한다. 비하 발언, 폭언과 폭행, 버림 받음 등 가정에서 일어날 수 있는 비극적인 일이 한 사람의 정체성에 가장 큰 영향을 미친다. 마찬가지로 사랑과 격려, 인정과 존중, 용납과 배려 등 모든 긍정적인 인성의 영양분도 가정에서 공급받는다. 가정에서 사랑받는 아이들이 바깥에서 일어나는 시련에도 강하다. 실수를 용납받아본 아이들이 실패도 잘 극복한다. 내가 누구인가를 알아가는 모든 기초는 가정에서 시작된다. 지금 한국 교육이 처한 어려움 가운데 하나는 가정이 교육을 포기한 것이다. 가정에서조차 교육을 학원과 학교에 위탁하고 부모는 돈 벌어 돈을 대주고 밥 먹여주고 옷 입혀주면 할 바를 다했다고 생각하기 때문이다. 누군가에게 돈을 주고 부모의 역할을 대신 해 달라는 것밖에 되지 않는다. 그런 아이들의 대다수는 애정결핍에 시달린다. 환경은 부족함 없이 컸으나 자아는 늘 결핍에 시달린다. 우리 아이들에게 진정 필요한 것은 돈과 공부에 최적화된 방과 좋은 과외 선생님과 좋은 학교가 아니다. 좋은 부모이다.

인성의 뿌리는 정체성이다. 나는 누구인가, 나는 무엇을 위해 사는가? 등의 중요한 질문에 답하는 기초가 정체성이다. 인간은 자신의 정체성에 의해 자아상, 자존감, 자존심, 자신감 등 자의식이 형성된다. 자아상은 존재의 가치이며, 자존감은 자신을 보는 시선이다. 자존심은 타인을 보는 눈을 통해 자신을 보는 시선이며 자신감은 존재의 확신이다. 자아상이 건강한 사람은 자존감이 자존심보다 높아 정서적 안정감이 있다. 타인과 끊임없이 비교하며 형성되는 자존심은 아이들을 빠져나올 수 없는 정서적 딜레마에 빠져 허우적되게 만든다. 끊임없이 비교 대상을 찾게 되고 비교를 통해 자신을 비하하고 상대를 향한 공격성을 드러낸다. 반면 적절한 격려와 바른 칭찬과 실수를 용납받되 실수를 통해 배움으로 형성되는 자존감은 자신감의 중요한 기초가 된다. 스스로 동기부여가 가능하고 자신의 결정과 행동에 대해 책임감을 가지며 비교로부터 자유로울 수 있는 힘이 생기게 된다. 자존심이 아니라 자존감이 높은 아이들로 키워야 한다.

인성의 기둥은 관계성으로 세워진다. 나와 너, 나와 우리의 관계성이 인성의 버팀목이다. 정체성을 통해 견고한 인성의 기초를 바로 쌓은 아이들은 관계에도 자신감이 있다. 존중과 배려를 받아보았기에 관계성에서 존중과 배려를 나타낼 줄 안다. 존중받는 것과 치켜세움을 받는 것은 다르다. 치켜세운다는 것은 정도 이상으로 칭찬한다는 뜻이다. 과장으로 인한 허세를 불어 넣는다는 뜻이다. 바람만 들어가 시간이 지나며 서서히 빠져나가고 다시 바닥으로 원상태로 돌아온다. 반면 존중은 칭찬받을 만한 언행에 대한 적절한 정서적 관계적 보상이다. 바람이 들기보다는 가치를 인정받는 기쁨을 경험하며 그것을 유지하려는 의지를 불러일으킨다. 그리고 그것은 삶에 좋은 계기요 습관으로 자리 잡게 되어 지속성을 유지한다. 나를 아는 것이 가장 어려운 앎이다. 자기를 직면하는 것이 가장 어려운 인생의 주제다. 자신을 성찰할 줄 아는 사람은 다른 이들의 삶을 쉽게 판단하지 않는다. 다른 이들의 삶에 대해 쉽게 말하지 않는다. 사람과 교감 속에 보이지 않는 영역을 볼 수 있는 눈이 열려 있어 원만한 관계성을 이끌어낼 줄 안다. 정체성이라는 기초 위에 관계성을 통한 기둥을 견고히 세운 아이들이 성장과 성숙을 경험한다. 정체성이 중요하지만 관심이 거기에만 머물게 되면 자아중심성을 벗어나지 못하게 된다. 나를 찾는 이유는 너와 바른 관계를 맺기 위함이기 때문이다. 나와 부모, 나와 친구, 나와 형제자매와의 관계 안에서 정체성이 빛을 발하고 깊어지며 인성의 성숙이라는 열매가 맺어지기 때문이다.

정체성이 기초요 관계성이 기둥이라면, 사회성은 지붕을 덮는 작업이다. 따로 떼어서 생각할 수 없는 인성의 중요한 요소다. 정체성이 기반이 되어 관계성을 원만히 맺게 되고 정체성과 관계성이 함께 성숙의 길로 가게 된다. 사회성이라는 더 확장된 세상을 마주할 준비를 하는 것이다. 가정의 중요성이 여기에 있다. 사회의 가장 최소 단위인 가정에서 깊고 견고한 정체성과 보호받는 울타리 안에서 긍부정의 관계성을 제대로 경험하지 못하면 무한대로 열린 세상인 사회 속에서 표류하게 된다. 충격과 상처를 받게 되고 처한 상황에서 어찌할 바 모르는 미숙한 성인 아이의 모습이 드러난다.

뻔한 이야기 같지만 요즘 젊은이들의 사회성 문제의 원인으로 지적되는 핵가족화는 생각보다 아이들에게 큰 영향을 미쳤다. 전통적인 한국의 가족 구성은 3대 4촌까지 가까이 모여 살든지, 한 지붕 아래 살며 그 안에서 작은 사회를 경험하며 생활했다. 문안 인사와 명절 문화까지 언급하지 않더라도 가족 구성원 자체가 하나의 작은 사회를 이룰 수 있었다. 반면 현대에 접어들며 핵가족화에 더해 인구정책의 변화에 따라 한 자녀 가구가 늘어나기 시작했다. 국가의 인구정책이 중요한 이유는 보통 한 세대로 규정되는 30여 년 미래를 좌우할 결정이기 때문이다. 지금 대한민국이 직면한 인구절벽과 그로 인한 부정적 지표들은 지금 만든 정책의 영향이 아니다. 사회성 문제에 있어서도 부모의 역할이 절대적이다. 요즘은 직장 상사에게도 전화하는 엄마들이 있다고 한다.

사회성 문제는 단지 직장 안에서의 관계성 문제에 국한되지 않는다. 가족 관계 안에서야 서로 양보하고 이해하며 행복하면 되지만 사회는 그보다 복잡하다. 공동의 목표가 있고 그것을 달성하기 위한 개인의 책임이 있다. 사회성은 관계성이 기초가 되지만 책임감과 전문성이 요구된다. 전문성이란 특별한 기술이 아니라 자신이 발휘할 수 있는 일정 수준 이상의 책임 있는 행동을 말한다. 사회성이 제대로 발휘되기 위해서는 좁게는 주변 상황을 파악하는 것에서부터 넓게는 시대적 흐름을 읽는 안목도 요구된다. 시대가 변하고 세상이 변하는 추세에 따라 자신을 계발하고 적응하기 위한 부단한 노력도 사회성에 포함된다. 고정된 시각과 사고가 아니라 유연성 있는 사고와 시각이 필요하다. 사회라는 큰 공동체의 흐름 속에 자칫 자기 자신을 잃어버리고 파도에 떠밀려가지 않도록 붙잡아주는 닻과 같은 역할이 정체성이다.

정체성은 기초이자 닻이며 뿌리와 같다. 사회성을 익혀나가는 데 있어 자신을 지켜주는 역할을 감당한다. 그 사이에서 조절과 균형을 잡도록 돕는 키와 같은 역할을 하는 것이 관계성이다. 가정과 학교에서 인생의 기본인 인성, 인성의 기본인 정체성, 관계성과 사회성을 충분히 배우지 못하면 인생이 감당하기 어려운 짐이 되고 만다. 누가 힘들게 하지 않아도 그 구조 속에 있는 자체가 부담이며 스트레스가 된다. 성숙한 인간을 만드는 것이 교육의 본질이라면 당연히 이러한 문제를 간과해서는 안 된다.

인성의 기초는 부모의 체온에서 시작된다

인성과 실력을 모두 놓치지 않는 온전한 교육이 되기 위해서는 가정과 학교가 협업해야만 한다. 지금처럼 가정과 학교가 분리되어 있는 상황에서는 온전한 교육이 어렵다. 부모들은 아이들이 학교에서 무엇을 하는지 거의 모른다. 오직 성적표로 모든 것을 추측할 뿐이다. 학교에서 특별한 연락이 없으면 잘 지내는 것이고 연락이 있으면 오히려 문제가 생긴 것으로 여긴다. 아이가 학교에서 왕따를 당해도 성적만 잘 받아오면, 괜찮으니 웬만한 건 참고 견디라고 한다. 아이가 죽을 지경이 되어야 관심을 가지는 것은 부모의 직무유기다.

부모의 도움이 없이는 온전한 인성과 실력을 키울 수 없다는 것은 교육 현장에서 모두가 절감하는 사실이다. 학습 성과는 학습 태도와 깊은 관계가 있다. 태도가 좋지 않은 아이들이 좋은 성적을 내는 일은 극히 드물다. 아이들의 학습 부진이나 학습 태도에 대해 부모는 학교에서 뭘 배우길래 그 모양이냐고 하고 교사는 집에서 가정교육을 어떻게 받았길래 그 모양이냐고 서로 떠넘긴다. 아이들만 양쪽 모두에게 이해받지 못하고 용납 받지 못한다. 오늘날 우리가 지적하는 학교의 문제는 많은 경우 부모의 무관심 또는 지나친 관심에서 비롯된 것이다. 선이 없거나 선을 넘는 부모들 때문에 학교가 힘든 것이다.

인성은 부모의 가슴과 등에서부터 시작된다. 유모차가 없던 시절 아이들은 엄마의 등에 매달려 있었다. 젖병이 없던 시절 아이들은 배고프거나 아프면 엄마의 가슴을 파고들었다. 아빠의 배가 편안한 뒷동산 같은 안정감을 느끼게 했다. 엄마 아빠의 체온이 인성 교육의 기초였다. 넓고 따뜻한 가슴과 등에서 안정감을 얻었다. 걷기 시작하면서부터는 따뜻한 손이 더해졌다. 마주만 보던 관계에서 나란히 보는 관계로 발전되었다. 걷다 힘들면 가슴에 안고 등에 업었지만 손잡고 걷는 행복이 더해졌다. 어느 날엔가 그 손에 교사의 손이 더해지는 것이다. 어디를 가나 따뜻한 체온이 가장 먼저 아이들을 반겨주는 것이다. 이런 애착관계를 통해 사람에 대한 신뢰가 쌓이고 인성의 기초가 형성되었다.

2021년 초 '정인아 미안해'라는 해시태그가 전 국민의 SNS에 등장했다. 입양부모의 지속적인 아동학대로 8개월에 입양되었던 정인이가 16개월만에 사망한 사건이다. 기독교 가정에서, 그것도 목회자 가정에서 태어나 기독교대학을 졸업하고 기독교방송국에 근무하는 부모에게서 벌어진 일이기에 더 충격적이기도 하다. 누군가는 아동학대에 종교가 무슨 상관이고 출신 학교가 무슨 상관이냐고 하겠지만, 이 사건에 우리 교육의 문제점이 고스란히 드러나고 있다.

폭력은 대물림된다. 기독교 가정, 심지어 목회자 가정에서 자란 두 부모에게 이런 폭력적인 성향이 있는 것에 그 부모가 책임이 없을 수 없다. 실제로 공개된 비디오 자료에는 엄마가 아이를 학대하는 장면을 지켜보고 있는 친정엄마의 모습도 포착된다. 사건이 공론화된 이후 여전히 자기 자식 감싸는 모습에서도 알 수 있다. 심정적으로 동조하고 있는 것이다. 크게 문제 될 것이 없었다는 생각이 모든 것을 말해준다. 대한민국에서 태어나 이른바 고등교육을 받았고, 기독교 신앙훈련을 받았어도 쉽게 변하지 않는 것이 어려서부터 부모와 주변 영향으로 형성된 인성이다. 그만큼 무서운 일이다.

쉽게 생각할 문제가 아니다. 인성 교육에 목숨을 걸어야 할지 모르는 인생의 기초를 이야기하고 있는 것이다.

흔히 하는 말로 의사가 되는 것이 중요한 것이 아니다. 사람을 살리는 의사가 되느냐 죽이는 의사가 되느냐가 문제이다. 마찬가지로, 교사가 되는 것이 중요한 것이 아니다. 아이를 살리는 교사가 되느냐 죽이는 교사가 되느냐의 문제이다. 부모가 되는 것이 중요한 것이 아니라 어떤 부모가 될 것이냐가 중요하다. 정인이 양부모의 경우 유모차를 미는 모습 하나에서도 냉담함과 분노가 느껴진다. 바깥에서도 그 정도 감정표출을 하는 사람이라면 아이와 단둘이 있을 때 어느 정도일지 상상이 가지 않는다. 그 아이가 경험했을 공포도 상상이 되지 않는다. 오늘날 언론에 보도되는 아동학대하는 부모와 교사의 차가운 손과 발이 인성을 무너뜨리는 것이다. 아이의 인성을 망치면 인생을 망치는 것이다.

부모로서 자식을 항상 이성적으로 대하고 인내로 일관성 있는 차분함으로 대하는 것이 얼마나 어려운 일인지 안다. 하지만 조절되지 못하는 순간의 부정적인 감정 표출이 가져올 비극적인 결과를 생각한다면 참아야 한다. 조절되지 못한 감정의 표출이 더 무서운 것이다. 인성의 중요한 요소가 감정조절능력이다. 조절하지 못하는 부모를 보는 자녀가 감정조절을 할 리 만무하다. 자녀의 인성 거울은 부모다. 무조건적인 인내를 강요하는 것이 아니라 부모로서 필요한 상황에 화를 낼 수도 있지만, 조절되어야 하고 상황에 대한 설명과 서로에 대한 분명한 사과의 표현이 중요하다.

지자체가 운영하는 청소년상담복지센터에 연결되는 아이들은 대부분이 가정의 문제가 있다. 이혼, 가정폭력, 경제적 빈곤, 주거환경 등 가정과 연관된 문제들이 주를 이룬다. 부모도 어찌할 수 없는 일이 많다. 부모 역시 애착의 문제가 있고 결핍의 문제가 있었기 때문이다. 내적인 문제만이 아니라 외부에서 자신의 힘만으로는 어쩔 수 없는 인생의 사건사고가 벌어져 부모의 세계도 무너져 내리는 일이 있기 때문이다. 그래서 부모도 학교와 정부의 지원이 필요하다. 서로가 떠맡기는 식이 아니라 협업하는 방향으로 가야 한다. 가정과 학교에서 보는 아이의 상태를 솔직하게 공유하고 함께 원인을 찾고 해결해나가야 한다. 학교도 교육부의 눈치를 볼 것이 아니라 부모들과 협력하여 좋은 교육의 방향성을 모색하고 교육의 본질을 함께 고민해야 한다. 교육부는 좋은 교육의 방향성을 찾고 시도하려는 학부모와 교사들을 잘 지원해주면 된다.

부모 교육은 교회나 대안학교에서만 하는 것이 아니다. 대다수 대안학교가 가장 중요하게 생각하는 것은 부모 교육이다. 무엇을 잘못해서 바로 잡으려는 교육이 아니라 예방하고 공유하고 협업하기 위한 부모 교육이다. 부모가 되어서도 애착 형성은 필요하다. 아이들 못지않게 성인들에게 애착 관계는 중요하다. 부부의 관계가 중요한 이유다. 인본주의 심리학자 매슬로우Abraham Harold Maslow는 인간의 기본 욕구를 다섯 가지로 보았다. 생리적 · 생존의 욕구, 안정감·안전의 욕구, 소속감의 욕구, 인정의 욕구, 자아실현의 욕구가 그것이다. 소속감, 유대감, 친밀감 등이 중요한 이유다.

독일 사회학자 에릭 호퍼Eric Hoffer는 "교육의 주요 역할은 배우려는 의욕과 능력을 몸에 심어주는 데 있다. 배운 인간이 아닌 계속 배워나가는 인간을 배출해야 하는 것이다. 진정으로 인간적인 사회란 조부모도, 부모도, 아이도 모두 배우는 사회이다"라고 말했다. 부모를 교육의 후원자로만 보아서도 문제는 해결되지 않는다. 부모에게 문제가 있다고 생각될 때 학교도 정부에도 그런 부모를 도울 수 있는 장치가 있어야 한다. 지금이라도 늦지 않았다. 부모들에게도 인성 교육이 필요하다.

교사는 학생 인성 지킴이

인성 교육은 기초 공사다. 기초 공사를 부실하게 하고서야 몇백 층의 화려한 건물을 세워도 무너지는 것은 시간 문제다. 기초 공사는 시간도 오래 걸리고 비용도 많이 들어가지만 건물을 완공하고 나면 전혀 눈에 보이지 않는다. 보이는 것만이 전부가 아니며 보이는 것은 보이지 않는 것에서부터 비롯된다. 아이들의 보이지 않는 면을 보는 안목이 부모와 교사에게 필요한 것이다.

오늘날 한국 교육은 지나친 지식knowledge 위주 교육에 머물러 있다. 공부가 실력이 되기 위해서는 지식 교육과 실천 훈련Doing을 병행해야 한다. 하버드 대학교 경영대학원도 설립 100년을 맞아 2006년부터 2008년까지 MBA 프로그램에 대한 평가와 개혁을 실시했다. 프로젝트를 맡았던 데이비드 가빈David A. Garvin 교수는 인터뷰에서 지난 100년 동안 자신들도 지식 교육에 치중해왔으며, 앞으로 실행Doing과 존재Being의 균형을 찾아가야 한다고 말했다. 전문인으로서 알아야 하는 지식과 실행할 수 있는 능력, 정체성과 책임감을 함께 갖추도록 도와야 한다는 것이다.

교과서와 교실에만 갇힌 교육으로는 불가능하다. 세상의 모든 길은 복도이며 그 바깥은 교실이다. 지식 교육과 실천훈련의 견고한 기초가 존재Being이다. 어릴수록 존재를 칭찬해야 하고, 존재에 상처를 주지 않는 훈육을 해야 한다. 성적 좋은 아이들에게 머리가 좋다는 말은 칭찬이 아니다. 성실한 노력도 없이 단지 머리가 좋아서 공부를 잘하는 것은 아니기 때문이다. 성실한 학습 태도와 집중력, 자기절제력이 훈련되어야 한다. 훈련이 되기까지 아이도 인내해야 하고 습관이 되기까지 반복해야 한다. 태도와 좋은 습관을 가진 아이의 성품은 칭찬하되 머리가 좋은 것을 칭찬해서는 안 된다. 마찬가지로 성적이 좋지 않은 아이도 머리가 좋지 않은 것이 아니다. 학습 태도와 습관이 자리 잡히지 않아서 그렇다. 그래서 '성품이 나쁜 놈'이 아니라 그럴 기회가 주어지지 못했던 것이니 기회를 주어야 한다. 응원하고 격려해서 좋은 습관을 가지도록 도와주면 된다.

학교를 운영하면서 겪는 가장 큰 어려움은 통합적 사고를 통한 통전적 시각을 갖춘 교사를 만나는 일이다. 또한 그런 교사들이 경험하는 어려움은 통합적 사고를 가능하게 하는 교육 과정이 없다는 것이다. 이 상황을 해결하기 위해 더 우선되는 고민은 '교사'여야 한다. 교과과정은 어차피 교사들에 의해 좌지우지되기 때문이다. 아무리 좋은 교과서나 교육 과정도 교사의 수준 이상의 결과를 낼 수는 없다. 교사들이 교과서와 교육 과정을 얼마나 잘 이해하고 소화시켜 탁월한 교수법으로 가르칠 수 있는가도 중요하다. 하지만 그 기초에 인성에 대한 이해와 통찰이 없다면 결국 반쪽짜리 교육이라고 할 수 있다.

인성에 기초한 교육을 한다는 것은 교사가 부모에게 "아이가 공부 잘하는데 무슨 걱정이에요?"라는 말 대신, "공부는 잘하는데 다른 것은 매우 걱정되는 아이"라고 말하는 것이라고 할 수 있다. "공부는 좀 부족하지만 다른 면이 좋아서 걱정하지 않으셔도 돼요"라고 말할 수 있다면 더 낫지 않을까? 아이에게 관심이 있는 교사라면 성적이 안 좋은 아이라고 인생 실패자가 될 거라고 걱정하지 않는다. 나중에 잘살 것이라는 확신을 주는 경우가 더 많다. 기본적으로 아이들은 두 종류다. 걱정되는 아이들과 걱정되지 않는 아이들이다. 이런 단순한 분류가 가능해지려면 성적을 뛰어넘어 인성을 볼 수 있는 눈이 있을 때 가능하다. 성적과 좋은 학교 진학이라는 잣대에 갇힌 교사나 부모는 이런 시각을 가질 수 없다. 현장에서 학생들을 오래 가르쳐왔다. 아이들을 볼 때 성적이 아주 안 좋아도 인성이 좋으면 대기만성할 가능성이 있다. 성적이 좋아도 인성이 안 좋으면 나중에 뭐가 될지 두려운 생각이 앞선다.

인성에 관심 있는 교사는 시험 성적을 들여다보지 않고 아이의 눈을 들여다본다. 아이의 눈에 작은 흔들림도 눈치챌 수 있는 교사가 인성 교육을 하는 교사다. "한국의 학교 종은 땡땡땡 울리고, 미국의 학교 종은 탕탕탕 울린다"는 말을 들은 적 있다. 총기 휴대가 합법인 미국의 현실을 총 소리 '탕탕탕'에 빗대어 표현한 것이다. 그만큼 학교 내 총기사고는 미국에서 사회 문제가 되고 있다. 우리가 부러워하던 미국 교육도 인성 문제라는 심각한 걸림돌에 넘어진 상태다. 미국 대통령이 직접 인성 교육 컨퍼런스를 몇 차례 열기도 했지만 상황이 나아지는 것 같지는 않다. 당연하다. 교육은 대통령이 바꿀 수 없기 때문이다. 정책을 결정한다고 교육 현실과 아이들의 삶까지 결정할 수는 없다. 교사의 권한과 자율성이 보장되어야 하는 이유다. 그만큼 지지해주고 제대로 책임을 물으면 된다. 최선을 다해 인성과 실력의 균형을 맞추는 교육을 하도록 재량을 주고 부모와 정부가 평가를 통해 책임감을 가지게 하면 된다.

교사 역시 학교에서 자신의 눈 밖에서 무슨 일이 일어나는지 알수가 없다. 그래서 교사의 자리는 교실에 있어야 한다. 교무실보다는 휴게실이 필요할 뿐 교사는 교실을 지켜야 한다. 교실을 지키고 학생을 지켜야 하는 것이 교사의 책임이다. 대한민국 교육도 인성 교육을 포기하고 실력 있는 인간을 키우는 교육을 한 세대 이상 해왔다. 그에 대한 반성으로 인성 교육에 열을 올리지만 프로그램으로 인성 교육이 완성되지는 않는다. 프로그램은 늘 획일성의 한계를 드러낸다. 학생 개개인을 면밀히 상담하고 분석하여 개인에게 맞는 프로그램을 연결해주어야 할 뿐 아니라, 교사도 모든 학교 활동에 있어 학생들 개개인에게 맞는 조언하는 역할을 맡겨야 한다. 수업 중에도 쉬는 시간과 점심시간에도 특별히 관심을 가져야 하는 아이들 한 명 한 명을 돌보아야 한다.

어깨동무학교에서는 수년간 이 원칙을 지켜왔다. 교사는 교실에 학생들과 함께 머물며 부모와 같은 스승의 역할을 해왔다. 교사에게는 많은 에너지가 소모되는 역할이지만 아이들의 변화 속도는 빠르다. 어린 나이일수록 가정에서 부모가 쉽게 고치지 못하는 습관도 교사와 동료 학생들의 도움으로 고쳐나간다. 부모와 지속적으로 소통하며 한 아이를 돕는 일에 소홀히 하지 않는다. 정신적으로 어려움을 겪고 자해하는 아이를 위해서는 24시간 대기하며 새벽에도 달려가서 돌본다. 어느 곳에 있어도 불안을 느끼던 아이가 학교에서 안정감을 찾아간다. 수업 중에도 교과 내용으로 아이들의 정서를 만져준다. 교과서의 내용을 설명하거나 적용하며 아이들이 경험하고 있는 정서적 어려움을 하나씩 만져준다. 아이들의 개인적인 상황을 깊이 이해하지 못하면 할 수 없는 일이다. 학교가 가정은 아니다. 교사가 엄마 아빠도 아니다. 그러나 한 아이의 삶이 교사에게 맡겨졌기에 그 책임이 뒤따르는 것은 당연하다.

교사에게는 공부 잘하는 아이나, 문제아가 대부분 기억에 남고, 평범한 아이들은 기억에 남지 않는 경우가 많다. 하지만 진정한 교사라면 학생의 성적과 관계없이 아이가 지나가는 터널을 함께 걸으며 인생의 롤러코스터를 함께 탔던 시간을 간직하고 있어야 한다. 제자와 나누었던 깊은 대화가 잊히지 않고 반짝이는 눈으로 자신의 꿈을 이야기하던 아이의 눈빛이 가슴에 새겨져 있어야 한다. 가정에서 실패한 인성 교육이 학교와 교사를 통해 회복되는 이야기는 역사 속에만 있는 이야기일까? 교사들이 함께 꿈꾸면 좋겠다. 인성 회복이 이루어지는 교실을. 교사가 아이들의 인성 지킴이라는 마음으로.

칼 비테 교육법에 대하여

최근 영재 교육법으로 유명한 독일의 학자 칼 비테Karl Witte의 이름이 유행처럼 떠올랐다. 스위스 교육자 페스탈로치가 칼 비테의 교육법을 칭찬했다거나 몬테소리, 프뢰벨 등에게 영향을 주었다는 것이 이유다. 그러나 직접적인 연결고리는 약하다. 적어도 누군가의 사상이 다른 이에게 영향을 주었다고 한다면, 영향을 받은 본인이 언급하거나, 함께 보낸 시간을 통해 영향을 주고받은 삶이 있어야 가능한 이야기다. 프뢰벨은 실제로 페스탈로치를 찾아가 함께 2년 여의 시간을 보내며 깊은 영향을 받았다. 그럼에도 불구하고 칼 비테 교육에 대해 언급하고자 하는 이유는 가정을 기반으로 주변의 인적 자원과 주어진 환경들을 활용해 최선의 자녀교육을 한 인물이기 때문이다.

'칼 비테 교육'을 홍보하는 글에 빠지지 않는 내용이 있다. 칼 비테가 미숙아로 태어난 자신의 아들을 직접 가르쳐 9세에 6개국어를 말하게 하고, 10세에 최연소로 라이프치히 대학에 입학시켰다는 것이다. 그의 아들은 13세에 괴팅겐 대학에서 철학 박사 학위를 취득하였고, 16세 때 하이델베르크 대학에서 법학박사 학위를 받았으며, 최연소 박사학위 수여는 기네스북에 기록이 남겨져 지금도 깨지지 않고 있다고 강조한다.

유대교의 역사를 다룬 막스 디몬트Max I. Dimont의《세계 최강성공집단 유대인》이라는 책이 있다. 이 책의 원제는 'Jews, God and History'이다. 1962년도에 출판된 이스라엘의 역사를 다룬 책이다. 한때 신학교의 역사 교재로 쓰이기도 했다. 그런 책이 갑자기 2002년도에 '세계최강성공집단 유대인'이라는 제목으로 재번역하여 출판되었다. 이 책의 홍보에서도 역시 유대인 노벨상 수상자가 몇 명이며, 그들이 미국의 법조계와 의료계, 금융계를 어떻게 움직이고 있는지를 강조한다.

그렇다면, 칼 비테의 자녀교육법으로 칼 비테 주니어 같은 자녀를 키워낸 사례가 그 뒤로도 계속 이어졌을까? 그렇지 않을 것이다. 영재 교육의 마케팅 포인트는 모든 부모가 자기 자녀를 영재로 생각하게 만드는 것이다. 아이가 뛰어난데 부모가 제대로 투자를 하지 못해 아이를 평범하게 만들었다는 죄책감을 심어주기도 한다. 칼 비테와 막스 디몬트를 잘못 읽어도 한참 잘못 읽은 것이다. 타이틀을 누가 정했는지는 모르지만, 아래는 '내 아이를 행복한 천재로 키우기 위한 칼 비테의 12계명'이라고 한다.

내 아이를 행복한 천재로 키우기 위한 칼 비테 12계명

1 재능이 없다고 실망하지 마라. 부모라면 인내하라.

2 매일 산책하라. 아이의 흥미를 이끄는 직접 경험이 좋다.

3 공부를 강요하지 마라. 배움은 즐거워야 한다.

4 몰입할 수 있는 환경을 만들어라. 스스로 할 것이다.

5 시간을 효율적으로 활용하라. 휴식도 공부다. 잘 노는 아이가 공부도 잘한다.

6 많이 아는 것으로 끝나지 않아야 한다. 제대로 알고 있다면 실천한다.

7 아이의 자존감과 자신감을 북돋워주면, 성취감과 자긍심

이 따라온다.

8 성공과 성과에 집착하지 마라. 부모의 대리만족을 위한 교육이어서는 안 된다.

9 인격적으로 대하라. 결국 중요한 것은 자립심이다.

10 다양한 경험과 감성, 풍부한 상상력을 지닌 아이가 진정한 행복을 누릴 수 있다.

11 부족한 부모라고 미안해하지 마라. 칭찬만으로도 아이는 훌륭하게 자란다.

12 부모가 물려줄 수 있는 최고의 유산은 제대로 교육하는 것이다.

마치 칼 비테가 남긴 글 같지만 그렇지 않다. 칼 비테의 자녀교육의 핵심을 잘 정리했지만 제목이 지나치게 상업적이다. 우리 교육의 문제가 여기에 있다. 무엇이든지 과대 포장하여 자극적으로 표현한다. '1등' '천재' '영재' '만점 비결' 등 다양한 표현으로 욕망을 표출한다. 그 책을 본 아이들이 모두 만점을 받았을까? 그 프로그램을 한 아이들이 모두 1등을 했을까? 자식을 위해 두문분출 찾아다니며 배운 정보들이 오히려 아이들에게 좌절감만 남겨주는 것이다. 부모들의 불안 심리와 성공 심리를 이용한 돈벌이에 끌려다닐 뿐이다.

칼 비테는 아들을 영재로 생각하지도 않았고 천재로 키우려는 목적도 없었다. 그 아이 안에 있는 잠재력을 믿고 가장 적절한 방법으로 적합한 시기에 아이의 인격을 존중하면서 필요한 길을 안내했을 뿐이다. 1913년판 《칼 비테의 교육법》의 편집자 애딩턴 브루스H. Addington Bruce가 서문에 남기기를, 칼 비테 교육을 제대로 실현하기 위해서는 부모가 자기의 모든 삶을 다 쏟아부어야 가능하다고 강조하면서 기억에 남을 문장을 남긴다. "교육은 말로 가르치는 것은 시작일 뿐 삶의 모범으로 완성된다"는 말이다.

칼 비테의 교육법을 폄하하는 것은 아니다. 오히려 무엇이든지 자신들의 욕망의 색을 덧입혀 사람들에게 꺼내놓는 사람들이 나쁘다. 칼 비테의 교육법은 인상적이다. 본질에 충실하다. 집에서 가르치기에 단지 영성과 덕성 교육에 치우치지 않고 지성 교육도 누구에게도 뒤처지지 않았다. 하지만 칼 비테는 칼 비테이고 칼 비테의 아들은 칼 비테의 아들일 뿐이다.

바른 인성 교육은 바른 정체성 파악에서부터 시작한다. 경쟁적인 교육과 돈만 있으면 경쟁에서 유리한 상황을 점할 수 있는 지금의 교육 환경은 인성 교육의 본질과 정면으로 충돌한다. 제대로 기초가 잡힌 집을 지어 올리기를 원한다면 아이들에게 돈을 투자하기 전에 부모의 인생에 투자해야 한다. 칼 비테 교육에 의하면, 교사와 교육 환경은 거들 뿐이며 부모가 주도적으로 움직이고 매순간 함께 해야 한다고 말한다. 학교나 학원, 가정에서 가르치는 일은 단지 시작일 뿐이고 삶의 모범이 교육을 완성한다는 가르침 하나만 기억하

고 가도 칼 비테가 섭섭해하지는 않겠다. 집단 교육이 아니라 한 번
에 한 아이씩이면 가능성이 있다.

chapter 4

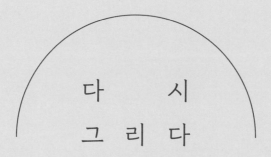

다 시
그 리 다

변 하 지 않 는 원 리

개똥철학이라도 자기 철학이 있어야 한다

어떻게 가르칠 것인가라는 질문이, 무엇을 가르칠 것인가라는 질문보다 우선되어야 한다. '어떻게'란 방법론으로서의 '어떻게How'가 아니기 때문이다. 더 정확히는 '왜Why 그렇게 가르쳐야 하는가?'라고 봐야 한다. 철학은 방법론보다 우선한다. 따라서 교육 철학에 충실한 교육 방법론만큼 결과를 확실히 보장하는 것은 없다. 그래서 '왜 그렇게 가르칠 것인가?'라는 'Why'에서 출발한 'How'여야 한다. 무엇What을 가르칠 것인가를 결정해도 그것을 가르치는 방법How이 왜Why에 부합되지 않으면 교육은 실패한다. 좋은 목표 설정과 좋은 방법론을 가져도 실패하는 이유는 빈약한 철학Why 때문이다.

한국은 교육 방법론의 천국이다. 시대마다 다양한 교육 방법에 따른 상품들이 나타났다 사라진다. 부모들은 끊임없이 방법론을 찾아 헤매는 교육소비자들이다. 한국 사교육 시장이 망하지 않는 이유다. 교육콘텐츠 사업도 만만치 않은 수익을 만들어내는 사업이다. 종교와 국적을 불문하고 지능, 창의성, 성적에 좋다면 무조건 한국 시장에는 먹힌다. 성경에 등장하는 "네 시작은 미약하였으나 나중은 창대하리라"는 말도 성적이나 성공을 위해서라면 무조건 "아멘" 할 수 있는 나라다. 영어학원이나 영어 교육 방법론이 이렇게 난무하는데도 영어를 이만큼 못하는 나라도 흔치 않다. 종교가 없는 사람들조차도 유대인 자녀 교육법이 좋다면 자녀를 정통 유대인 자녀처럼 키울 수 있는 사람들이 한국 부모들이다. 노벨상을 많이 받고 성공하고 부자가 된 사람들 가운데 유대인이 많다니 한국인들이 온통 유대인 교육으로 몰려가기 시작했다. 개신교 신학교에서 유대교 역사를 가르치는 책조차 '세계 최강성공집단 유대인'을 강조하는 책으로 둔갑해서 출판되고 있지 않은가.

한국인을 한국인답게 키워 세계인이 되게 하는 것이 중요하다. 한국인을 미국인처럼 유대인처럼 키우려는 교육은 모두 실패하고 만다. 역사가 증명한다. 자기 정체성과 뿌리 의식이 약한 사람들은 오히려 글로벌 무대에서 자리를 잡기 힘들다. 어떤 사람이 어느 무대에서 영향력을 발휘하게 되면 '저 사람의 영향력의 근원이 무엇일까?' 사람들은 궁금해한다. 한국 사람이 유대인 교육을 받아서 성공했다면 한국 사람에 대한 관심보다는 유대인에 대한 관심이 높아질 뿐이다. 유대인 교육을 받은 한국 사람보다는 차라리 유대인을 불러다 물어보는 것이 더 낫다고 생각하게 되는 것은 상식이다. 철학도 방법론도 빌려다 쓰는 교육이 문제다. 인문고전의 깊은 우물을 갖고 있는 나라가 스티브 잡스가 한 마디 했다고 갑자기 인문학 열풍에 휩싸이는 것을 보면 안타까울 뿐이다. 우물을 파서 솟아나는 물을 먹지 않고, 남의 나라 생수를 수입해다 먹는 꼴이다. 그 나라가 물 부족으로 수출을 중단하면 우리는 목말라 죽고 말 것인가? 영어 발음을 위해 혓바닥을 자른다는 얘기는 제발 사실이 아니길 바랄 뿐이다. 이렇게 영어교육에 목을 매면서도 영어 앞에만 서면 항상 작아지는 사람들이 많은 나라도 드물다. 고전도 서양 고전을 읽으면 모던하고 동양 고전을 읽으면 고리타분하다고 생각한다. 인문학을 서양 학문인 듯 취급하는 경향도 있다.

한국 교육에 맞는 교육 철학과 교육의 원리를 고민하며 공부하면서 어깨동무 교육 철학으로 나온 것이 청정교육CLEAN Education이다. 지금까지 설명한 오염된 교육을 청정교육으로 회복하여 아이들이 행복하고 사회도 함께 건강해지는 교육을 꿈꾸는 것이다.

어깨동무 교육 철학

학교 이름도 '어깨동무학교', 교육 철학도 '어깨동무 교육 철학'

이라고 이름 붙였다. 어깨동무는 가장 한국적이면서 가장 글로벌한 단어이며 고전적이면서 첨단기술혁명 시대에 걸맞는 이름이다. 동무들과 어깨를 함께 걸고 일하는 그림이다. 경쟁에서 이겨야 하고 혼자 독주하는 세상이 아니라 함께 어깨를 걸고 함께 성장하고 함께 세워가는 교육이다. 2014년도 한 초등학교 운동회에서 선천적으로 건강이 좋지 않아 항상 꼴찌만 하던 친구를 위해 앞서 달리던 친구들이 속도를 늦춰 손을 잡고 함께 결승선을 통과한 일이 화제가 되었다. 2016년도에도 부산의 한 초등학교에서 2등으로 달리던 친구가 넘어지자 1등으로 달리던 친구가 뒤로 돌아가 다친 친구를 일으켜 다른 친구들과 함께 결승점까지 가서는 넘어졌던 친구의 등을 밀어 먼저 결승점을 통과하게 하는 아름다운 장면이 기사화되기도 했다. 아이들은 본능적으로 어깨동무를 이해하고 있다. 그런 아이들이 성적과 등수로 오염된 교육을 받고 자라며 수단과 방법을 가리지 않고 이겨야 한다는 생각을 갖게 되는 것이 우리 교육의 비극이다.

한국 사회도 다문화가정이 많아지고 거주하는 외국인이 늘어나고 있기에 글로벌 시민의식을 갖추는 일이 중요하다. 어깨동무는 나이, 국적, 성적, 배경을 막론하고 더불어 살아가는 정신과 삶의 교육이다. 다문화라는 용어 자체가 '가난한 나라에서 온 사람이 국제결혼으로 꾸린 가정'을 뜻하는 것도 잘못된 인식이다. 선진국 사람과의 결혼은 자랑스러운 일이고, 저개발국 사람과 결혼하면 부끄러운 일이 되는 것도 시대적으로 문화적으로 부끄러운 일이다. 어려서 함께 자란 친구들은 외국인도 혼혈인도 그냥 친구일 뿐이다. 그 친구의 국적도 피부색도 신분도 중요하지 않다. 남과 북이 어깨동무하는 미래가 통일 한국이며, 다른 민족들과 어깨동무하는 사회가 세계평화의 길이다. 성적, 집안 배경, 연봉, 외모를 떠나 사람과 사람이 더불어 살아갈 수 있는 의식을 갖추는 교육이 어깨동무 교육이다.

어깨동무는 파트너십Partnership이며, 협업Collaboration이며, 우정Friendship이며, 네트워크Network다. 사람을 소중히 여기는 정신이며 더불어 사는 세상을 꿈꾸는 희망이다. 교과목이 무엇이든지 간에 이러한 어깨동무의 정신이 스며들어 있어야 하며, 구체적인 적용도 어깨동무의 정신으로 나타나기를 꿈꾸는 교육이다. 어떤 직업을 가져도 어깨동무의 정신으로 함께하면 더 많은 것을 더 놀랍게 성취할 수 있다는 철학이며 방법론 그 자체다. 이러한 정신이 한국인의 삶과 마을 공동체에는 깊이 스며들어 있었다. 품앗이를 하고 계와 두레, 향약까지 오랜 세월 민족 안에 스며 있는 개인과 마을 단위의 협업과 협동의 정신이 자리 잡고 있다. 사회가 산업화되고 지주와 자본가의 출현으로 공동의 선과 이익보다 개인의 부가 강조되는 영향으로 이러한 정신은 훼손되고 상실되었다. 신자유주의 경제 체제에서는 바보 같고 세상 모르는 순진한 소리로 취급받을 만큼 우리의 가치와 정신은 오염되었다. 어깨동무 철학에서 출발한 교육 철학을 청정교육으로 이름 붙인 이유다.

청정교육은 어깨동무 정신과 가치를 구현하는 데 필요한 핵심적 가치를 교육적으로 승화시킨 철학이자 방법론이다. C.L.E.A.N.은 청정교육의 다섯 가지 철학을 담고 있다. 즉, Community, Leadership, Experience, Accelerated, Nature 다섯 단어의 첫 글자를 따온 것이다.

청정교육을 제안하다

Community
공동체가 답이다

두려움과 불안의 해답은 좋은 공동체

아프리카 격언에 "아이 하나를 키우려면 마을 하나가 필요하다"는 말이 있다. 한국 사회가 산업화되기 전에 태어나고 자란 세대는 이 말이 무슨 뜻인지 몸으로 이해한다. 〈응답하라 1988〉이라는 드라마가 그 정서를 흠뻑 느끼게 해주었다. 쌍문동 골목에서 이웃으로 친구로 살아가며 그들이 나눈 공동체의 정情이다. 이웃을 위해 언제나 대문과 식탁도 열려 있고 마음도 활짝 열려 있다. 먹는 것도 입는 것도 공유하며 네 자식 내 자식 없이 함께 키운 자녀들이다. 이웃의 어려움이 한 골목에 사는 모두의 어려움이기에 함께 이겨내며 더불어 살아간다. 지금 사회는 경제적으로 엄청난 발전을 이루었으나 인간다운 관계와 정은 무너진 사회다. 돈으로 누리는 문화는 화려해지고 다양해졌으나 삶으로 누리는 문화는 삭막하고 위험해졌다. 몇 년 동안 아파트의 한 라인, 한 층에 살면서도 앞집에 사는 사람 얼굴 한 번 보지 못하고 이사하는 일도 많다. 엘리베이터에서 인사하는 것이 어색한 곳도 있다고 한다. 서로 모른 척해주는 것이 미덕이다. 엄마 아빠가 바쁘면 앞집 옆집에 가 있으라고 말하던 시절도 지나갔다. 이웃으로 해결할 수 있는 웬만한 일들을 돈으로 해결해야 한다. 가사 도우미를 고용하든 일부 학원들이 학교 앞에서부터 아이들을 데려가 다른 학원으로 인계해주며 부모가 올 때까지 이른바 '뺑뺑이'를 돌린다. 그러면서도 마음에 안정감보다는 위기감이 더 커졌다.

공동체가 무너지면 삶이 위험해진다. 현대인들의 삶에 내재한 불안의 이유는 공동체의 해체에 있다. 더불어 살아가는 사람들이 안정감의 이유가 아니라 불안의 이유가 된 것이다. 이미 개인주의가 팽배하고 성공을 위한 경쟁과 황금만능주의에 물든 인간성으로는 공동체 회복의 기회는 없어 보인다. 학생들은 교실에서 친구가 되기보다 경쟁자를 만나게 되는 세상이다. 승자독식과 학력 불패의 사회를 무너트리는 방법은 그러한 것에 가치를 두지 않는 아이들을 키워내는 일이다. 남이 잘되는 것이 내가 잘되는 것이라는 생각을 하는 아이들로 키워야 한다. '내가 잘되서 남을 도와야겠다'는 생각보다 더 적극적인 삶의 태도이며 가치다. 경쟁이 줄어들면 불안도 줄어든다. 다른 사람이 내 삶에 잠재적 위협요소가 아니라 훌륭한 동반자요 꼭 필요한 존재라면, 오히려 환대와 신뢰가 중요해지기 때문이다.

젊은 세대 중에도 경제적 자립 기반을 마련하여 지속 가능한 공동체를 꿈꾸며 귀농하는 사람들이 지속해서 생겨나고 있다. 대안학교나 홈스쿨링 등을 통하여 자녀교육 문제까지 함께 해결하는 모델도 있다. 자신뿐만 아니라 자녀들의 미래까지 거는, 쉽지 않은 모험을 하는 사람들이 계속 나타나는 이유도 공동체에 대한 목마름이라 볼 수 있다. 자연 친화적인 삶의 질과 방식에 대한 동경도 있겠지만, 자녀교육 문제도 중요한 이유 중 하나다. 자신의 아이들이 도시화와 산업화된 구조 속에서 경주마와 같은 인생을 사는 것을 원치 않으며 인간과 자연과 더불어 의미 있는 삶을 누리며 살기를 원하는 마음이 더 크기 때문이다. 지지해주고 신뢰할 수 있는 자립 가능한 공동체가 있으면 인간다운 삶은 지속 가능하다고 믿기 때문이다.

상호학습과 동반성장이 이루어지는 장

학교와 직장에서 겪는 개인과 개인의 관계성 미숙은 공동체의 해체에서 비롯된 것이다. 공동체의 최소 단위인 가정이 대가족에서 핵가족화되면서 충분한 사회성을 경험하지 못하고 자란 세대에게 나타나는 문제다. 다자녀 가정에서 한 자녀 가정으로 변하며 생겨난 문제다. 한 자녀 가정이라 할지라도 부모와 충분한 시간을 보내며 정서적 안정감과 관계성 안에서 유대감 형성을 충분히 이룰 환경을 만들어주지 않은 결과다. 우리는 그렇게 살 수 없을 만큼 바쁘다. 그래야만 살 수 있는 사회 구조와 그 사회가 요구하는 강박증에 시달리기 때문이다.

우리나라 고전 교육기관 중에 서당이 있었다. 조선시대에는 웬만한 마을마다 설립되어 양반 자제뿐만 아니라 서민 자녀들도 학문을 배울 수 있는 곳이었다. 서당 교육이 현대 교육의 여러 문제에 대한 대안이 될 수 있는 측면이 많다. 서당은 무학년제다. 나이를 초월하여 방 하나에서 함께 공부했다. 공부가 느린 아이들은 훈장의 지도도 받지만, 진도가 빠른 아이들이 가르치기도 했다. 상호학습이었다. 배우고자 하는 누구나 방 하나에서 공부하며 서로 가르침을 받았다. 학교가 나이로 학년을 나누는 것은 좋지 않다. 경쟁해서 이겨야 하는 세상에서는 같은 나이끼리 공부하고 경쟁하는 것이 공정해 보인다. 하지만 함께 성장해야 하는 세상에서는 같은 나이끼리만 공부하는 것은 오히려 손해 보는 일이다. 훨씬 더 많은 것들을 배울 기회를 박탈당하는 것이다.

엄마가 고치지 못하는 습관도 형들은 쉽게 고칠 수 있다. 실제로 어깨동무학교에서 무학년제 세대 통합교실을 운영하면서 얻은 결과이기도 하다. 아이들의 행동과 언어도 절제된다. 어린 동생들이 금방 보고 따라하기 때문이다. 어린 동생들의 말과 행동이 빨리 성숙한다. 형, 누나, 언니, 오빠들이 자신들을 돌봐주었던 것을 더 어린 동생들에게 금방 적용한다. 하나의 작은 사회를 경험하는 것이다. 교사의 역할은 그 안에서 질서와 배려가 선순환되도록 지원한다. 산책이나 탐방 등의 야외활동에서 효과는 더 극대화된다. 쉽지 않은 등산로나 산책로를 어린 친구들도 완주하는 데는 큰 아이들의 역할이 필수적이다. 힘들어서 포기하고 싶은 순간을 주변 큰 아이들의 격려와 도움으로 극복한다. 공부도 마찬가지다. 개별 학습으로 진도가 다른 클래스에서 먼저 가는 아이들은 느린 아이들에게 자극이 되는 동시에 좋은 보조교사 역할을 한다. 중요한 것은 그런 공동체의 분위기가 형성될 수 있도록 돕는 학교의 운영 철학과 교사의 역할이다.

요즘은 PBL Project Based Learning, 즉 '프로젝트 기반 학습'이 학교에 많이 도입되고 있다. 학습자 중심의 공부 방법으로서 협업이 중요하다. 이 학습법은 'Problem Based Learning'이라고도 불리는데, 학생들이 함께 문제를 해결해나가는 과정에서 배우는 것이 장점이다. 창의성과 능동성을 끌어내는 좋은 학습법으로 평가되고 있다. 여기에 세대 간의 통합까지 더해지면 더욱 다양하고 창의적인 학습 환경을 만들어낼 수 있다. 모든 과목이나 주제들을 통합할 수는 없지만 어떤 주제들은 학년 간의 통합 환경에서 진행되어야 할 필요가 있다. 학교 문화에 대한 부분이나 지역의 문제 해결에는 여러 세대의 의견이 수렴될 필요가 있다.

문제를 해결해나가는 데 있어서 중요한 점은 문제 해결이 필요한 당사자들의 이야기가 잘 반영되어야 한다는 것이다. 어린아이들의 문제를 다룰 때는 어린아이들의 이야기를 들어야 하며, 노인의 문제를 다룰 때는 노인들의 이야기를 들어야 한다. 공동체의 문제를 해결해나가는 데는 전 세대가 함께해야 한다. 어린아이들에게 불편과 피해를 주는 대상은 어린아이가 아닌 경우가 많기 때문이다. 이것은 노인도 마찬가지다. 청소년이나 부모 세대의 생각이 중요하다면 전 세대가 함께 대화하며 방법을 찾지 않으면 근원적인 문제 해결이 어렵다는 뜻이다. 청소년 문제는 가정에서 시작되는 것이 대부분이기 때문에 학교나 사회에서 아이들만 탓한다고 고쳐지지 않는 것과 같은 이유다. 어떤 문제를 해결해나가는 데 있어서도 공동체 구성원 전체를 고려하지 않으면 문제 해결이 어렵다.

세계적인 기업들이 찾는 인재는 스스로 문제를 찾고 해결하기 위해 팀을 꾸리고 이끌어나갈 수 있는 사람들이라고 한다. 한 사람이 모든 것을 다 잘해야 할 이유도 없고, 혼자만 잘난 사람도 필요 없다고 한다. 문제를 직시하고 그 문제를 해결하는 데 필요한 사람들을 찾고 그들과 좋은 팀워크로 일할 수 있는 사람을 절실히 찾는다는 것이다. 문제 해결 능력도 중요하지만, 더 본질적인 것은 사회성이다. 팀원들과의 원활한 관계와 소통을 통해 함께 결과를 창출해내는 능력이 특정 기술보다 더 필요한 능력일 수 있다. 일은 잘하지만, 사람들과 갈등을 많이 일으켜 다른 유능한 팀원들이 떠나게 된다면 심각한 문제가 발생한다.

독불장군의 시대나 특정인의 독주가 환영받지 못하는 시대가 되었다. 물론 이러한 인재상의 기준은 시대마다 변해왔다. 인성이 바르지 않아도 실력만 좋으면 자리를 지키고 인정받던 시대도 있었다. 하지만 시대가 변했다. 이윤만 많이 남기거나 좋은 상품만 내놓으면 좋은 기업으로 인식하던 시대도 지나갔다. 그 기업이 사회를 위해 얼마나 환원하며 운영자의 철학과 가치가 무엇인지가 더 중요하게 생각되는 시대다. 정치조차도 사람보다 경제발전을 우선시하던 시대에서 사람이 제일 중요하게 생각되는 시대로 왔다. 아는 사람이라고 무조건 밀어주던 시대도 끝났다. 적합한 사람을 찾는 것이다.

역사는 반복하며 진보한다. 공동체의 가치가 중요했던 시대가 있었다. 급속한 경제발전과 개발의 시대를 지나며 실력과 성공이 최우선의 가치였던 시대도 있었다. 초연결사회가 되면서 관계 과잉의 시대가 되었고, 급기야 피로도가 누적되는 시대가 왔다. 이제는 관계성 조절이 가장 필요한 기술이 되었다. 공동체를 통해 관계성의 훈련이 잘된 아이들이 성공할 탄탄한 기반을 갖춘 사람으로 인정받는 시대가 되었다는 뜻이다. 관계성이 곧 경쟁력이 된 시대가 열렸다. 좋은 공동체 안에서 더불어 살아가는 훈련이 된 인재를 대한민국과 세계가 찾고 있다. 공동체가 답이다.

사회적 감수성 훈련의 장

성공한다는 것이 높은 지위에 올라가 누군가를 부리는 일이라고 생각한다면 어떤 조직의 리더가 된다는 의미라고 할 수 있다. 누구나 꼬리보다는 머리가 되고 싶어 한다. 부림을 당하는 사람보다는 부리는 사람이 되고 싶은 마음이 많다. 시키는 일만 하고 싶은 사람도 물론 있다. 사회가 존재하는 한 이끄는 사람Leader과 따르는 사람Follower은 존재한다. 리더십의 형태도 시대에 따라 환영받는 정도가 달랐다. 급속한 개발과 성장의 시대에는 카리스마를 넘어 독재 리더십조차도 좋은 결과만 내면 긍정적으로 받아들였다. 얼마나 많은 사람이 희생되었는지 묻어놓고 지나갔다. 좋은 결과를 위해서라면 그만큼의 대가와 희생은 정당화될 수 있었다. 그러나 지금은 아니다. 이제는 작은 추문 하나와 가족의 실수, 소유한 재산조차도 검증받아야 하는 시대를 맞이했다. 기준과 잣대가 달라졌다.

굴지의 기업인들의 '갑질' 논란이 기업 총수의 자리를 내려놓아야 할 만큼 큰 문제가 되었다. 어떤 시대에는 그것이 당연시되고 용인되던 때도 있었다. 이제는 아니다. 조직 사회 가운데서도 특히 정치인이나 연예인처럼 대중의 지지를 얻어 살아가는 사람들에게 중요한 덕목이 사회적 감수성이다.

사회에서 성공을 한다는 것과 리더의 덕목을 갖춘다는 것은 어떤 의미에서는 같은 뜻으로 해석되어야 한다. 헝가리 출신의 복잡계 네트워크 이론의 창시자이자 과학자인 앨버트 라슬로 바라바시 Albert Laszlo Barabasi는 그의 저서 《성공의 공식 포뮬러》에서 지금까지 우리가 '운'이라고 생각했던 성공의 비밀을 과학적으로 풀어내는 시도를 했다. 성공이란 추상적 개념이며 집단적 현상이기 때문에 과학적으로 연구하여 원인을 밝혀내는 일이 불가능하다고 생각했던 '성공'의 영역에 접근해, 마치 중력의 법칙을 발견하듯 계량화하는 데 성공한 것이다.

그는 흥미로운 연구를 많이 한 사람이다. 2002년 출간한 《링크 Linked》에서 1967년에 하버드 대학 교수였던 스탠리 밀그램 Stanley Milgram 이 진행한 실험을 소개했다. 밀그램의 목표는 무작위로 선택된 두 사람 사이를 연결하는 데 얼마나 많은 지인이 필요한가를 찾아내는 것이었다. 밀그램은 무작위로 두 지역을 선정하고, 두 지역 사람들에게 연구 목적과 찾으려는 사람의 정보가 담긴 편지를 보냈다. 실험 결과, 160개의 편지 중 42개의 편지가 목표한 인물에게 성공적으로 도착했다. 편지가 성공적으로 전달되기 위해 필요한 중간 단계 사람의 수는 평균 5.5명이었다. 이 숫자를 반올림해서 '여섯 단계 분리Six degrees of separation'라는 법칙이 나오게 된다. 여섯 단계 분리 법칙이 말해주는 것은 엄청난 인구와 거리에도 불구하고 우리는 생각보다 짧은 거리로 연결되어 있다는 것이다.

《성공의 공식 포뮬러》는 같은 맥락에서 성공을 설명한다. 성공은 연결된 네트워크 안에 있는 사람들이 한 사람이 성취해낸 업적을 어떻게 평가하느냐에 달려 있다고 한다. 훌륭한 능력이 반드시 성공을 보장하지는 않으며, 오히려 연결된 사람들이 그 능력을 어떻게 받아들일 것인지가 성공의 중요한 요소로 작용한다는 것이다. 아무리 훌륭한 능력이 있어도 널리 인정받지 못한다면 그것은 성공이라 할 수 없다는 것이다. 따라서 성공은 개인적인 현상이 아니라 집단적인 현상이며, 나 혼자서만이 아니라, '우리가 함께 해내는 것'임을 강조하고 있다.

이제는 소비자들은 자신이 지향하는 가치에 맞으면 가격이 높더라도 구매를 하는, 이른바 가치 소비를 하는 시대에 살고 있다. 함께 더불어 살아가는 사람들에 대한 감수성이 떨어지면, 대기업이든 개인이든 살아남기 쉽지 않은 시대가 되었다. 공동체 속에서 사회적 감수성을 키우는 노력 없이는 누구도 성공할 수 없는 세상이 되었다는 것이다. 그런 의미에서 가정과 학교는 사회적 감수성을 연습하고 키울 수 있는 안전한 공동체로 존재해야 한다.

리더십 형성과 자신의 역할을 찾는 장

공동체는 리더가 필요하다. 모두의 의견을 수렴하더라도 결정된 사항을 실행에 옮길 때는 함께 참여하도록 이끌지만 책임을 맡은 누군가의 주도적인 역할이 필요하다. 그 사람을 세우는 과정도 교사들이 결정하는 것이 아니라 공동체 안에서 자연스럽게 리더십을 발휘하는 아이들이 드러난다. 리더는 훈련을 통해서 세워지는 것이 아니다. 공동체 안에서 자연스럽게 리더의 기질이 드러나는 아이들이 리더십 훈련을 통해 진짜 리더로 세워지는 것이다. 리더십 훈련을 받았다고 해서 낙하산처럼 떨어진 리더는 리더십을 발휘하기보다 리더십을 시험 받는 상황이 된다.

모두가 함께 움직이는 공동체의 목표 안에서 아이들은 자기 위치와 역할을 고민하기 시작한다. 내가 어떻게 목표를 달성하는 일에 기여할 것인가를 고민한다. 능동적인 아이와 수동적인 아이가 함께 상호작용하며 서로를 보완하기 시작한다. 어린 아이들이 서로 놀리고 무시할 것이라는 생각은 선입견이다. 부모와 교사의 역할이 그래서 중요하다. 기여도가 많든 적든 함께 이루어가는 것의 가치에 집중하도록 돕는 것이 교사와 부모의 역할이다.

장을 펼쳐놓으면 두각을 나타내는 아이들이 있다. 평소에 보이지 않던 모습이 공동체 안에서 역동이 일어날 때 드러난다. 자기 자신도 알지 못했던 모습을 발견하며 놀라기도 한다. 정해진 역할만 하는 아이들은 리더로 자랄 수 없다. 공동체라는 장에서 뛰놀며 리더도 세워지고 리더십도 성장한다. 리더십의 기초는 공동체이며 리더는 공동체 없이 존재할 수 없다.

학교가 공동체라는 의식을 가지지 못하는 한 아이들은 그 안에서 안정감보다는 불안감을 더 많이 경험한다. 다양한 관계와 상황 속에서 갈등과 문제해결 능력을 배우기에 공동체만큼 중요한 장은 없다. 함께 성장하기 위해 서로를 존중하며 서로에게 배우는 마음가짐을 깨닫는 일도 공동체를 통해서만 가능하다. 혼자 이룰 수 있는 일보다 함께 이룰 수 있는 일이 훨씬 많다는 것도 공동체를 통해 배운다. 이러한 가능성에 눈을 뜸으로써 공동의 선을 추구하며 살아가는 삶도 공동체를 통해서만 경험할 수 있다.

학교가 공동체가 될 수만 있다면! 이 한 가지만으로도 교육에는 희망이 생긴다. 교사와 학생이 하나의 운명 공동체가 되고 학생과 학생이 평생의 동반자로 만나는 공동체가 교육이 희망이다. 미래 사회는 여섯 단계의 분리를 넘어 온 세계가 클릭 한두 번으로 연결된다. 말 그대로 사람들의 생활권이 국가를 넘어 지구촌으로 확대되는 글로컬glocal. 글로벌global과 로컬local의 합성어 시대가 도래했다. 내 손바닥 안의 작은 기계로 마음만 먹으면 전 세계 사람과 연결할 수 있는 시대다. 다문화를 넘어 세계시민으로 모두가 살아가야 한다. 개인의 관계 문제를 넘어 문화와 언어를 초월한 초연결사회가 공동체의 새로운 형태로 형성되었다. 그 안에서 어떻게 살아남을 것인가를 배우고 연습해야 한다. 온라인에서든 오프라인에서든, 공동체는 우리 삶과 분리될 수 없는 시대다. 공동체를 받아들여야 하고 어떻게 관계를 맺으며 어떻게 협업하며 어떻게 살아가야 할지를 배워야 한다. 학교가 가장 좋은 실습장이다.

Leadership
리더십은 여전히 필요하다

리더가 문제가 아니라 준비되지 않은 리더가 문제다

리더십 무용론이 힘을 얻던 때가 있었다. 심지어 《언리더십 Unleadership》이라는 책도 출간되었다. 워낙에 자극적인 문구를 좋아하는 사람들의 습성이 만든 부작용이다. 모든 것을 모두가 결정하려는 세상에 질서는 없다. 책임을 지려는 사람도 없다. 혼란이 가중될 뿐이다. 리더십 있는 리더가 그래서 필요하다. 독재자와 리더는 다르다. 카리스마와 리더십도 다르다. 개념의 혼동이 좋은 것조차 부정적으로 인식하게 만드는 오류를 낳는다. 리더십과 리더라는 단어에 대한 반감이 멘토, 코치, 조언가, 조력자 등 다양한 용어로 대체하려는 흐름으로 나타났다.

《맘리더십Mom-leadership》이라는 책에서는 남성적이고 가부장적인 리더십에 대한 반작용이자 가정이나 직장인으로 살아가는 여성의 역할에 대해 재조명하기도 한다. 아이러니하게도 이런 다양한 용어와 개념들이 더욱 강하게 드러내는 것은 리더가 필요하고 리더십이 중요하다는 사실이다. 이러한 수식어를 갖다붙이는 이유는 본질 자체를 부정하는 것이 아니라 변화를 요청하는 사인sign이라고 할 수 있다.

코칭이나 멘토링이라는 개념은 리더십과 구분되는 개념이지만 다른 영역이라기보다는 리더십 안에 포용되어야 할 태도와 전문성이라고 할 수 있다. 최근에는 퍼실리테이터facilitator가 큰 관심을 받고 있다. 퍼실리테이터란, 그룹 내 구성원들이 효과적인 절차와 기법에 따라 팀원 간의 활발한 상호작용을 유도하여 창의적인 결과를 이끌어내는 사람을 말한다. 이러한 활동을 퍼실리테이션facilitation이라고 한다. 퍼실리테이션 역시 리더와 리더십의 역할이 결정적이다. 한국 사회는 특히 리더들로 인한 상처가 깊다. 여전히 그 트라우마에서 자유롭지 못한 상황이다. 깊은 상흔을 남긴 역사적 사건들로 인해 국가는 분단과 분열을 겪었다. 공동체 의식은 약화되고 민족적 과제를 해결하기 위해 힘을 모을 수 있는 구심점도 사라진 상태다. 이러한 때에 가장 필요한 것이 리더십이다. 민족의 상처를 치유하고 분단된 조국을 하나 되게 하며 미래를 향해 나아갈 방향을 제시하는 리더가 필요한 것이다.

두 사람이 길을 가도 누군가 한 사람은 리더의 역할을 하기 마련이다. 모든 사람은 자신의 역할에서 일정 부분 리더십을 발휘해야 한다. 가정의 가장만 리더십이 필요한 것이 아니라 엄마에게도 리더십이 필요하다. 자녀가 두세 명만 되어도 그 안에 리더와 팔로워가 존재한다. 리더에 대한 트라우마로 리더를 거부할 것이 아니라, 건강한 리더십을 실행하는 장을 통해 건강한 리더들이 사회 각 영역에 더 많이 세워져야 한다. 그런 의미에서 교육은 건강한 리더를 양성해내는 일이다. 인성과 실력의 균형을 갖춘 리더를 길러내는 일이다. 교육 현장이 본질을 회복하고 균형을 찾아야 하는 이유는 그 현장을 통해 교육받은 이들 가운데 리더들이 세워지기 때문이다. 이 사실을 간과하면 내 도끼로 내 발등을 찍는 결과가 나오고 만다.

Lead 이끄는 행위

Leader 이끄는 행위를 하는 사람

Leadership 이끄는 행위를 하는 사람의 정신, 태도와 전문성

리더십은 단순히 이끄는 기술Skill만이 아니다. 그 안에는 정신Spirit과 철학Philosophy이 있어야 하며, 태도Attitude와 가치Value가 담겨야 한다. 한국 사회에 상처를 깊이 남긴 리더의 자리에 있던 사람들은 자기를 추종하는 사람을 만들어내는 기술이 뛰어났다. 그러나 사람을 대하는 태도와 추구하는 가치가 왜곡되어 있었다. 정신과 철학을 강조하였으나 태도와 가치에 실패한 사람들이 대다수였다.

어떤 리더십을 갖춘 리더인가가 중요한 이유는 한 사람이 많은 사람에게 상처를 줄 수 있으며 공동체에도 엄청난 피해를 가져올 수 있기 때문이다.

리더십은 영향력이다. 어떤 리더를 세우며 어떤 리더를 키울 것인가는 공동체 안에서 명백하게 드러난다. 영향력 없는 사람을 리더로 세울 수 없다. 영향력에는 두 가지 방향이 작용한다. 무력과 매력이다. 밀어붙이는 힘이 무력이라면 끌어당기는 힘이 매력이다. 강제성과 자발성의 차이라고 볼 수 있다. 건강한 리더는 매력으로 자발적으로 따르게 하는 리더십을 발휘한다. 왜곡되고 미성숙한 리더는 무력을 행사하려는 충동에 쉽게 넘어간다. 건강하고 성숙한 리더는 매력으로 자발적 헌신을 이끌어낸다.

교육 현장에서 교사의 역할 역시 마찬가지다. 강제적인 힘을 행사하고 교사의 권위를 주장하면서 교육하는 것이 아니라, 삶의 모범과 매력으로 따라오게 하는 교육을 해야 한다. 리더십은 일련의 과정을 마친다고 형성되는 것이 아니다. 모델이 되는 리더를 통해 리더십을 배운 이들만이 리더가 된다. 교사가 건강한 리더가 되면 학생들도 건강한 리더가 된다. 한국 사회의 혼란은 인물의 부재에서 온다. 정부에도 사람 세우는 일이 항상 논란이 된다. 학벌과 경험도 갖추었으나 개인적인 삶의 부도덕성이 발목을 잡는다. 탁월한 행정력과 경험도 있으나 말의 허물이 발목을 잡는다. 말은 개인의 생각과 인격의 표현이기 때문이다. 사람 키우는 교육만이 희망이다. 한 사람의 탁월하고 준비된 리더만이 공동체와 함께 혼란과 갈등을 풀어나가며 비전을 향해 한 걸음 더 나아가게 할 수 있다. 리더와 리더십이 절실하게 필요한 시대다.

자기를 세우는 셀프 리더십

자기 자신을 이끌지 못하는 사람이 누구를 이끌 수 있을까. 대다수의 리더가 실패하는 이유는 업무 성과나 실력의 문제가 아니다. 자기관리에 실패한 인격과 도덕성에 결함이 있기 때문이다. 인성교육이 중요한 이유다. 뻔한 이야기 같지만 실행에 옮기기에 가장 어려운 일이다. 교사의 인성이 담보되어야 하고, 부모의 인성이 자식에게 큰 영향을 미치기 때문이다. 혼자 있을 때도 리더인 사람이 함께 있을 때도 리더가 된다.

탁월한 리더의 공통점은 자기관리에 철저하다는 것이다. 자기관리란 삶과 일에 필요한 필수적인 능력이 삶의 습관이 되어 탁월함을 유지하도록 하는 것이다. 시간 관리, 감정 관리, 자기계발, 대인관계, 업무 능력 등에 있어서 일정 수준 이상의 탁월함을 유지할 수 있도록 지속성을 가지고 반복할 수 있는 힘을 키우는 것이다. 서점가를 살펴보면 한동안 업무의 탁월함을 유지하기 위한 자기계발서들이 주를 이루다 최근 흐름은 기분, 감정, 말과 태도 등 자기관리가 주된 흐름이 되고 있다. 결국 자기계발은 자기관리와 함께 가야 하기 때문이다. 교육이 인성과 실력 두 마리 토끼를 잡아야 하는 것처럼, 직업에서도 자기를 지키는 동시에 자기를 사회에 맞추어가야 한다는 말이다.

리더십의 탁월함은 여러 측면에서 나타난다. 업무를 탁월하게 수행하는 사람에게는 그의 성과를 함께 누리려는 사람들이 따른다. 인정과 격려 욕구가 강한 사람들은 자신이 하는 일을 인정해주는 리더를 따른다. 리더십 전문가들이 말하는 최고의 리더십은 존중과 닮고자 하는 단계다. 그의 성과뿐만 아니라 그의 사람됨을 보고 따르며 그와 같은 삶을 살기를 꿈꾸는 사람들이 따르는 것이다. 강요하거나 이해관계로 인한 억지 충성이나 보여주기 식의 행동이 아니라 진심으로 따르는 것이다. 자기계발이 아니라 자기관리의 힘이다.

잘나가던 연예인이나 유명인이 음주, 도박, 폭행 등 자기관리의 실패로 하루아침에 추락한다. 리더십의 실패는 인성의 실패가 치명적이다. 인성은 건강한 삶의 가치를 지속적으로 지켜내는 힘이 된다. 가정과 학교 교육이 더 집중해야 하는 영역이다. 그런 의미에서 교육은 좋은 습관을 길러주는 것이다. 좋은 것을 분별하는 기준이 가치이며, 교육은 그 가치 체계를 갖추도록 돕는 것이다. 가치 체계는 세계관을 통해 형성되는 것이기 때문에 인간과 세상을 보는 건강한 세계관을 가지도록 가르치는 것이 가장 기초적인 교육의 역할이 되는 것이다.

교육에 있어 리더십이 중요한 이유는 결국 모든 일은 사람이 결정하고 실행하기 때문이다. 리더십은 특정한 훈련 과정을 거친 자격증 있는 사람이 아니라 자기 자리와 역할을 알고 그 자리에서 책임을 다하는 사람을 세우는 일이다. 자기를 책임질 수 있으며 맡겨진 역할에 책임을 다하며 공동체에 책임을 다하는 사람을 키우는 일이 리더십 훈련이며 진정한 교육이다. 스스로를 책임지는 셀프리더십과 그것을 넘어 가족과 동료와 이웃에게도 책임을 다할 수 있는 사람이 탁월한 리더인 것이다. 인생은 결국 홀로서기와 더부살이다. 홀로 선 자만이 더불어 살 수 있다. 홀로 서지 못하면 빌붙어 살게 된다. 가정과 학교 공동체는 홀로서기와 더부살이를 연습할 수 있는 좋은 기회이며 시간이다. 교과 공부도 당연히 해야 하겠지만 홀로서기와 더부살이를 훈련하는 것이 그에 못지않게 중요하다. 그것이 교육을 통해 사회를 건강하게 하고 나라를 살리는 백년대계이다.

더불어 사는 세상을 위한 섬김의 리더십

도산 안창호의 중요한 정신 가운데 애기애타愛己愛他라는 것이 있다. "자기를 사랑하고 이웃을 사랑하자"는 정신이다. 성서의 말씀 가운데 "네 이웃을 네 몸과 같이 사랑하라"는 것과 같은 맥락이다. 도산의 사상은 단순히 이웃을 넘어 인류애人類愛를 포함한다. 홍익 인간도 같은 맥락이다. 인간은 사회적 동물이다. 홀로 살 수 없고 더불어 살아야 한다. 더불어 살아가려면 홀로서기를 통한 인격의 성숙이 바탕이 되어야 한다. 타인에 대한 배려, 홀로서기의 과정 중에 있는 이들에 대한 지지, 사회적 약자를 위한 섬김과 동행 등 다양한 사회적 관계에 익숙해지는 것이다. 여기에 리더십의 중요성이 있다. 진정한 리더는 삶으로 따르게 하는 리더라고 했다. 칼 비테 교육법이 단순한 가르침Teaching에서 시작하여 삶의 모범Example으로 완성되는 것과도 같은 원리이다.

리더십에도 패러다임의 전환Paradigm Shift이 있다. 나라가 어려움을 겪던 일제 식민지 시기나 먼지에서부터 나라를 다시 세우는 경제 성장기에 성행했던 것이 역사 인물에 대한 재조명이었다. 물론 일제강점기에는 민족적 자긍심을 높이고 독립정신을 고취하기 위한 목표였고, 개발과 성장기에는 영웅적 인물의 삶을 통해 국민의식의 단합을 끌어내기 위한 정치적 의도도 있었다는 점에서 차이는 있다고 본다. 시대적 상황에 따라 그 시대가 요구하는 리더의 모습과 리더십의 특성에는 차이가 있다. 일제강점기에는 외적의 침입으로부터 나라를 지켜낸 을지문덕, 이순신, 광개토대왕 등의 인물들을 재조명했다. 역사에 대한 관심과 재해석도 이루어졌다. 우리나라가 어떤 나라이며 어떤 사람들에 의해 세워지고 유지되었으며 발전해왔는지를 공유하여 독립정신을 고취하기 위한 목적이었다.

경제 고성장 시대에는 영웅담에 등장하는 리더가 전형적인 형태였으나, 획일화와 성공 신드롬과 영웅의 무용담이 기준이 되어, 사회적 약자들에 대한 배려와 사회의 그늘진 곳을 돌보는 일에 소홀하기도 했다. 오늘날에는 저성장 시대를 맞이했기 때문도 있지만, 개개인의 인격과 개성이 존중받는 사회가 열리면서 리더와 리더십에 대한 인식도 변화를 맞이했다. 카리스마와 독재에 대한 그리움을 이야기하는 이들도 일부분 이해는 된다. 그만큼 어려운 시대일수록 더욱 탁월한 리더에 대한 그리움이 짙어지기 때문이다. 하지만 건강하고 탁월한 리더십에 대한 기대와 독재의 시대로 돌아가자는 생각에는 큰 차이가 있다.

앞으로 다가올 시대는 저성장과 팬데믹으로 대변되는 동시에, 인공지능이 가져올 엄청난 기술혁명으로 인간의 존재마저 위협받는 시대다. 그러하기에 인간다움, 이해와 공감, 섬김과 희생의 리더십에 대한 기대가 높은 시대이다. 구호와 주장이 난무하던 시대에서 대화와 실천이 중요시되는 시대로 전환되었다. 집단과 획일화의 시대에서 개인과 개별성이 존중받는 시대가 되었다. 성공과 성취의 시대에서 생존과 가치의 시대가 되었다. 소유와 축적의 시대에서 공유와 나눔의 시대가 되었다. 개인도 기업도 정부도 이 흐름을 거스를 수 없게 되었다. 시대의 변화는 모든 것을 변화하도록 강제하는 힘이 있다. 코로나 바이러스 하나가 세상을 단기간에 바꿔놓을 줄은 누구도 예상하지 못했다. 무너진 곳을 보수하는 동시에 새로운 길을 개척해야 하는 시대다. 절망적인 가슴을 보듬어주는 동시에 새로운 비전으로 가슴 뛰게 해야 하는 시대다. 역사상 그 어느 때보다 리더의 역할이 선명하게 요구되는 시대다.

이기적 자아로 살고 공익보다 사익을 우선시하는 사람은 리더가 될 수 없는 시대다. 기득권의 대물림으로 일신의 편안함과 자신만의 성을 쌓고 살아갈 수는 있으나 큰 세상의 시각에서는 고립된 낙원에 사는 격이다. 역사를 긴 안목에서 살펴보면 희생과 섬김의 가치는 빛이 바랜 적이 없다. 자기 혼자 잘먹고 잘살았던 사람의 이름과 인생이 역사에 기록된 예가 없고, 기록으로 남아도 오명으로 회자될 뿐이다. 경주 최부자댁의 육훈六訓이 유명하다. 부자 되는 방법을 알려줘서가 아니라 부자가 사는 길을 보여주어서 유명하다. 흉년에는 재산을 늘리지 말고 사방 백 리 안에 굶어 죽는 이가 없게 하라는 내용이다. 흉년에는 죽을 쑤어 거지들을 대접하고 소작농들의 빚을 탕감하고 보릿고개에는 곳간을 열어 쌀을 나누어주었다. 흉년으로 어려워진 기회를 틈타 자신의 재산을 불리는 일을 금기시했다. 부자는 돈이 많은 사람이 아니라 나눌 수 있는 사람이다.

타인의 위기를 나의 기회로 아는 이기적이고 기회주의자가 리더가 되면 조직 전체가 비열함과 비겁함에 물든다. 인간성은 짓밟히고 성취와 업적만이 칭송받는다. 그 폐해는 지금 우리가 겪고 있는 현실이다. 팬데믹으로 어려움을 당한 사람들을 구제할 길이 정부의 정책에만 있다고 우기고 요구할 것이 아니다. 개인과 사회가 함께 어려움을 나누고 조금씩 양보하고 희생하는 것이 살 길이다. 부동산 문제도 정부 정책으로 해결될 수 없다. 인간의 탐욕이 근본적인 원인이다. 주거할 수 있는 집 한 채 마련이 어려우면 안 된다. 주거할 집이 없어서 전전긍긍하는 사람들이 아직도 몇 천만인데 몇몇 소수가 살지도 않을 집을 수십 수백 채씩 소유하는 것은 문제가 있다. 고위공직자들의 주택 소유 문제가 자유민주주의 국가에서 제재가 가능한 일일까? 그렇지 않다고 생각한다. 제재해서가 아니라 국민의 심부름꾼을 자처하고 국민의 세금으로 살아가는 사람들의 태도 문제인 것이다. 다산 정약용은 《목민심서牧民心書》에서 목민관이 부임과 이임할 때에 가져가야 할 물건과 두고 가야 할 물건, 의식 하나까지도 백성들의 정서와 시대적 상황을 고려해 허례허식을 금하고 공사를 엄격히 구분하도록 조목조목 정리해두었다.

지금 시대의 젊은 세대는 특히 말뿐인 리더를 싫어한다. 말뿐인 교사, 말만 번지르한 정치인, 설교만 잘하는 목사에게 신뢰가 없다. 신뢰는 삶으로 쌓아가는 것이다. 리더십에서의 존중은 강요하는 것이 아니라 쌓아가는 것이다. 자신이 리더십의 역할을 부여받았다고 생각하고 리더가 되기를 원하는 사람마다 섬김과 희생의 삶을 살아야 한다. 시대가 변하면 또 다른 리더십이 요구되겠지만 사람 사는 세상을 계속 이어가고 싶다면 희생과 섬김의 가치를 품은 리더들이 세워져야 한다. 우리가 사는 세상이 변화가 필요하다고 생각한다면 각 사람이 자신의 자리에서 책임 있는 결정과 책임 있는 삶으로 리더십을 발휘해야 한다. 책임 있는 팔로워들의 결정으로 세워진 리더들이 바른 리더십을 행사할 때에 비로소 공동체는 제대로 기능하게 되기 때문이다. 자녀와 제자들의 진정한 성공을 기대한다면 섬김과 희생의 리더십을 가르쳐야 한다. 가정도 학교도 그런 섬김과 희생을 연습하는 장이 되어야 하며, 그런 가치가 존중받는 곳이어야 그 정신을 품은 리더가 길러지고 미래도 희망이 있다.

리더십은 책임지는 사람이라는 뜻이다

리더를 키운다고 하면, 교육에서는 좋은 대학을 진학하는 것을 조건이라 생각하고, 기업에서는 탁월한 업무실행능력을 조건으로 생각하는 경향이 많다. 틀리지는 않지만 맞다고도 할 수 없다. 좋은 대학이 바른 교육을 한다는 전제 하에 탁월한 업무수행능력이 인격적인 탁월함을 담보한다면 문제가 없다. 교육이나 리더십이나 어떤 주제들을 통합적으로 인식한 뒤 계획을 세우고, 진행 과정에서도 통합적으로 평가·보완해나가면 크게 문제 될 일이 없다. 이렇게 단순한 문제 해결 방법이 사회 각 영역에서 먹히지 않는 이유는 그만큼 통합적인 안목을 가진 사람이 없다는 뜻이다. 통합적인 안목이 있어야 부족한 부분이 무엇인지 파악하여 보완·수정할 수 있다.

통합적인 안목을 가지려면 다양한 상황을 접해보고 다양한 사람과 교류해봐야 한다. 가능한 모든 경우를 고려할 수 있는 넓은 안목과 깊은 마음이 있어야 한다. 그러나 현재의 교육 제도로는 불가능해 보인다. 초·중학교까지는 '혁신'이라 이름 붙인 다양한 시도를 해보지만, 고등학교만 가도 입시의 그늘에서 벗어나지 못하게 된다. 다양한 경험과 무모한 도전이 한창 꽃을 피우고, 감수성이 가장 예민한 시기를 입시에 갇혀 활짝 피지도 못한 채 시들어가는 꽃처럼 살아간다. 생각은 하지 않아야 하고 모든 시간은 공부에 투자해야 한다. 인생 공부라면 좋을 텐데 하루 시험을 위한 18년의 인생 같은 느낌이다.

어른이 된다는 것은 책임지는 일에 익숙해지는 것이다. 스스로에 대한 책임, 가족에 대한 책임, 맡은 일에 대한 책임을 지는 것을 일상으로 받아들이는 것이다. 책임을 진다는 것은 감당할 만한 능력이 있어야 한다는 말이다. 인물양육을 그릇에 비유한다. '그 사람은 그릇이 크다'거나 '작다'고 표현한다. 그릇이 큰 사람이란 어떤 뜻인가? 그만큼 다양성을 수용하는 폭이 넓고, 감당할 수 있는 분량이 넉넉하다는 뜻이다. 그릇은 한 번 만들어지면 그만이다. 깨트렸다 다시 넓혀 만드는 일은 불가능하다. 사람에게 적용한다면 한 번 형성된 인격의 그릇은 바꾸기가 그만큼 힘들며 거의 불가능할 수 있다는 뜻이다. 부모도 교사도 어떤 그릇을 빚고 있는지 고민해야 한다. 사람은 그릇 이상으로 담아낼 수 없다. 그릇이 간장 종지만 하면 폭포수가 쏟아져도 그 속에 남는 것은 간장 종지만큼의 물뿐이다. 아마도 조기교육에 그렇게 목을 매는 이유는 나중 공부에 더 유리할 것이라는 마음일 것이다. 그러나 그 반대가 더 많다. 공부에 질리고 학교에 질리고 생각의 한계가 생기고 태도에 문제가 생기면서 이후 공부에 더 어려움을 겪는 아이들이 많다.

　문제는 어디에나 있으나 해결하기 위해서는 회피하지 말고 직면해야 한다. 직면할 수 있는 용기와 풀어나갈 수 있는 실력이 함께 필요하다. 대다수의 공직자들이 무슨 잘못이나 실수가 있을 때 쉽게 물러나는 것이 그래서 보기 좋지 않은 것이다. 그 자리에서 책임지고 해결하고 내려와야 한다. 정말 실력이 부족하여 그런 것이라면 사람을 바꿔야겠지만, 실수를 했다면 실수를 인정하고 도움을 받아 바로잡고 내려와야 한다. 역사를 살펴보면 어느 시대든 평안하고 좋은 시절만 있지 않았다. 우리 역사는 더욱 그렇다. 어려운 시대를 이끌고 새로운 시대를 연 리더의 공통점은 자기 시대를 직면할 용기와 그 난관을 헤쳐나갈 실력을 갖췄다는 것이다. 최소한 다음 세대를 키우는 일이라도 감당하고 갔던 사람들이었다.

　시대 상황은 변한다. 팬데믹 이후 비정상이 현실이 되는 뉴노멀 New Normal의 일상을 받아들여야만 했다. 앞으로 어떤 일들이 벌어질지 예측하기란 더 어려워졌다. 아이들을 어떻게 가르쳐야 하냐는 질문을 많이 받는다. 직면할 수 있는 용기와 헤쳐나갈 수 있는 실력을 키워주면 된다. 무엇을 어떻게 가르쳐야 하냐고 묻는다. 교과목도 필요하지만 인생 과목을 가르쳐야 한다. 지혜, 인내, 용기, 모험 같은 교과목을 가르쳐야 한다. 인간에 대한 이해, 세계시민 교육,

언어와 문화, 국내외 봉사활동 등이 교과목이 되어야 한다. 시대를 이해하고 해석하는 안목을 갖추고 필요한 지식과 정보가 무엇인지 알고, 스스로 학습할 수 있는 능동적인 리더십을 가진 아이들이라면 어떤 세상이라도 살아갈 수 있고 어떤 문제도 해결해나갈 수 있다. 자신과 타인과 세상을 섬김으로 이끄는 책임 있는 리더라면 어떤 시대도 감당해낼 수 있다. 인류 역사가 그 증거다. 가정과 학교의 교육에 리더십의 요소가 반드시 포함되어야 하는 이유이기도 하다. 리더는 도망가지 않고 끝까지 책임질 것이기 때문이다.

Experience
경험만큼 강렬한 것은 없다

교실 밖의 교실을 발견하라

현재 학교 교실의 모습은 그 역사가 150년이 넘었다. 실외의 모습도 100년은 넘었다. 모두가 산업화의 산물이다. 또한 국가가 국민의 의식을 획일화하고 통제에 편리한 교육을 하기 위해 고안된 것들이다. 자율과 평등과 개인의 가치가 극도로 존중받는 사회와는 상충되는 면이 많다. 사람과 시대는 150년 동안 변해왔으나 학교와 교실은 150년 동안 크게 변하지 않았다. 창의적인 인재를 교육목표로 세웠지만 환경은 창의성을 억누른다. 창의성과 자율성이 있는 인간을 키우기 위한 공간이라기보다는 획일화되고 통제당하는 훈련을 하기에 딱 적합하다. 일찍이 이런 공교육의 한계를 절감하고 평생 교육을 주창하는 사람들은 다른 생각을 품었다. 온 세상의 길은 복도이고 그 바깥은 모두 교실이라고 생각했다. 고인이 된 한국사회교육원 원장 노영환 이사장이 평생 외친 구호이기도 하다.

종이비행기는 교실 안에서 만들어 교실 안에서 날릴 수 있지만, 드론은 교실 안에서 만들어도 교실 밖에서 띄워야 한다. 교실에 모든 공구를 다 구비할 수도 없으니 또 다른 형태의 작업실이 필요하다. 첫 수업부터 마지막 수업까지 한 교실 같은 자리에 앉아 앞만 바라보고 배우던 시대는 이미 끝났다. 현대의 교실이 많이 진화했다고 하더라도 아직 시대의 변화에는 못 미친다. 온 세상이 교실이 되어야 한다. 세상 모든 것으로부터 배우는 교육을 해야 한다.

경험주의 교육에 대한 반감을 가진 이들도 있다. 미국의 철학자 존 듀이John Dewey에 의해 근대에 본격적으로 각광받은 경험주의 교육이 진보주의 교육으로 분류된다는 이유로 반대하는 이들도 있다. 교육에서도 진보와 보수의 틀에 갇혀 있는 것이 안타까울 때도 있다. 경험주의가 교과학습을 등한시하거나 반대하는 교육이라는 위험성을 경고하는 사람들도 과민한 것이다. 철학사를 보면 한 사조가 극단으로 치달으면 반대급부의 다른 철학 사조가 반드시 등장했다. 마찬가지로 지나치게 교과를 통한 지식 전달에 치우친 교육에 대한 반작용으로 윌리엄 제임스William James의 경험주의를 토대로 존

듀이가 경험주의 교육을 주창한 것이다.

현대 교육이 열광하는 PBL 수업도 존 듀이가 선구적인 역할을 했기 때문에 가능한 일이다. 오히려 단순 방법론으로만 시도하고 있는 PBL 수업에 듀이가 경험론에서 주장하는 반성적 사고를 접목하면 더 완성된 경험주의 학습의 효과를 볼 수 있을 것이다. 이와 같이 긴 안목에서 각 분야의 흐름을 살펴보면 서로 충돌하면서 발전하고 비슷한 패턴이 순환 반복된다. 모든 영역은 동전과 같이 양면성을 갖고 있다. 인성과 실력, 지식과 경험, 교사와 학생, 부모와 자녀처럼 양쪽이 균형감 있게 서로 고려하면서도, 상황에 따라 어느 한쪽이 강조되거나 치우치면 다른 한쪽이 중심을 잡기 위해 움직이게 되어 있다.

지식 교육이 반쪽짜리 교육이라는 것을 알면서도 우리는 여전히 지식 교육에 한껏 치우쳐 있다. 가르치는 이들의 오류일 수도 있고, 국가정책이나 평가 방법의 문제일 수 있다. 그로 인한 문제점들이 드러나기까지는 최소 십수 년이 걸린다. 현재 한국 사회를 달구고 있는 정시와 수시, 수능수학능력시험 과 학종학생부종합전형 모집에 대한 논란도 그 부작용이다. 정시와 수시를 구분해 모집하게 된 근본적인 이유를 상실했고, 학종을 도입하게 된 이유도 잊어버린 듯하다. 양면이 균형을 잡지 못하고 본질과 현상을 헷갈리고 있다. 해외 대학, 특히 미국대학들도 이런 추세가 이제 시작되는 모양이다. SAT나 AP 성적 등과 관계없이 학생들을 모집하겠다는 대학들이 늘어나고 있다. 깨진 균형을 잡으려는 노력이다. 더 좋은 인재에 대한 기준이 바뀌고 있다는 뜻이다.

'청정교육'에서 주장하는 경험의 중요성도 마찬가지로 이해되어야 한다. 교실 교육과 지식 교육의 보완적인 교육이 필요하다. 단순히 지식 교육으로 완성될 수 없는 교과목에 한해서는 과감한 교실 밖 교육이 시도되어야 한다는 것이다.

세대의 변화가 경험 교육을 요구하고 있다.

포스트모던 세대는 자신이 경험한 것을 진리로 인정하려는 경향이 있다. 그 경향은 말로만 가르치는 교사에 대한 환멸로 나타나기도 한다. 말로만 설교하는 종교인에 대한 경멸로도 나타난다. 유명인에 대한 지지 역시 같은 기준을 갖고 있다. 어른들에게는 미안한 말이지만 이전 세대는 물건만 좋다면 그것이 어느 나라 제품인지 어느 회사 제품인지 중요하지 않았다. 좋다면 다 집에 하나씩은 구비해놓으려고 했다. 지금 세대는 다르다. 불매운동으로 기업들을 휘청거리게 할 수 있다. 가치 소비를 주장한다. 이왕이면 사회적 가치를 중요하게 생각하고 그것에 더 헌신한 기업의 제품을 사려고 한다. 개인 브랜드도 가치가 높아졌다. 명품과 대기업 제품에 무조건 열광하지 않는다. 개인이어도 의미와 가치를 품은 브랜드를 선호하는 경향이 뚜렷하다.

이성과 합리성으로 대변되는 모더니즘 시대는 지식을 많이 소유하고 가르치는 교사의 역할이 컸다. 감성과 경험의 시대로 대변되는 포스트 모더니즘 시대에는 지식과 함께 경험을, 이성과 함께 감성도 중요하게 생각한다. 지식의 시대는 이성이 중요했다. 정보의 시대는 경험이 중요하다. 이제 교과서보다 더 방대한 양의 정보를 온라인에서 접할 수 있다. 온라인에는 교실 안에서 강의하는 교사보다 탁월하고 유명한 강연자들로 넘쳐난다. 온라인 교과 역시 학교 교사의 수업을 뛰어넘는 최고의 강사들이 포진해 있다. 학생들이 학교에 가서 교사의 강의를 들어야 할 이유를 어디에서 찾을 수 있을까?

현장 교사들에게 불리한 시대적 상황인 것 같지만, 현직 교사의 살 길도 바로 여기에 있다. 온라인 강의 역시 말로만 떠드는 것에 불과할 수 있다. 오히려 현장에서 만나는 교사의 진솔한 삶과 땀과 눈물이 담긴 수업과 활동이 유명 강사보다 더 인정받을 수 있는 기회가 열려 있다. 팬데믹으로 인해 온라인으로 모든 활동이 진행되고 있지만, 온라인에 익숙하고 스마트폰을 손에서 놓지 못하는 아이들은 오프라인 만남을 더 갈구한다. 오히려 진짜에 더 목말라 하기 때문에 현장 교육에 좋은 기회가 왔다고 할 수 있다. 온라인에서 오프라인으로 옮겨가는 것이 아니라 온라인이 충족시켜줄 수 없는 것을 오프라인이 가능하게 해주는 것이다.

지식을 책으로 '기억하는 공부'에서 정보를 웹으로 '검색하는 공부'로 전환되고 있다. 기억력보다 검색력이 중요하다고 한다. 무엇이든 균형을 잡아야 하는 것처럼 검색력이 기억력을 대신하면 사고력도 약해질 수 있다. 짧고 임팩트 있는 영상에 반응하는 세대가 되었다. 해외 유명인사가 초빙되어 강연하는 프로그램인 〈TED〉의 강연 시간이 평균 15분이다. 국내 유명 강연 프로그램인 〈세상을 바꾸는 시간〉도 15분이다. 말로만 계속하는 강의에 대한 집중력이 짧아졌다. 유튜브도 1분 안에 재미가 없으면 보지 않는다. 틱톡은 15초가 기본이다.

  짧을수록 좋다는 것에 동의하지 않지만, 이런 변화를 학교 교육이 얼마나 수용하고 변화를 시도하느냐는 중요하다. 40~50분 수업, 10분 휴식의 패턴도 100년이 다 된 유물이다. 일선 학교에 변화가 많이 일어나고 있지만, 시간 줄이는 것에 초점이 있는 것이 아니라 아이들의 관심을 자극하는 일에 초점을 두어야 한다. 재미에 의미를 담아내야 한다. 흥미를 유발시켜야 재미가 있고 재미가 있어야 의미도 통하는 세대다. '웃프다'는 단어를 일상적으로 사용하는 세대다. "웃기는데 슬퍼요." "재미있는데 생각할 것이 많아요"의 반응이 일반적이다. 롤플레잉 게임 플레이어가 게임 속의 주인공이 되어서 주어진 역할을 수행하면서 퍼즐을 풀어가는 방식의 게임 에 익숙한 세대다. 게임 안의 캐릭터가 총을 맞는데 본인이 아프다고 말하며 게임을 즐기는 세대다. 방탈출 카페가 우후죽순 생겨났다. 스탠딩 코미디 예능은 거의 사라져간다. 〈정글의 법칙〉〈1박 2일〉〈런닝맨〉과 같은 예능도 전부 체험형이다. 이제 경험의 장을 넓혀야 한다. 메타버스Metaverse, 현실세계와 같은 사회·경제·문화 활동이 이뤄지는 3차원 가상세계는 온오프라인의 경계를 없애고 있다. 온라인 상에서의 경험이 오프라인의 자아에게 영향을 강하게 미친다. 학교 안에서 제공할 수 있는 경험의 기회는 제한되어 있다. 학교의 담장 너머와 교실 문 밖에는 무한한 경험의 기회가 열려 있다.

경험의 기회는 생각보다 멀리 있지 않다

지난 15년여 간, 중·고·대학생들과 함께 역사탐방을 다녔다. 서울과 경기, 강원도, 경상도, 전라도, 충청도, 제주도 등 국내 전 지역과 중국 북경, 상해, 동북삼성 지역과 러시아 연해주, 블라디보스토크, 하바로프스크, 우수리스크, 크라스키노 등지와 미대륙 횡단, 유럽 역사문화 탐방 등 세계가 좁다 하고 함께 다녔다. 미리 답사 신청을 받으면 사전 교육을 진행하는 경우가 많은데 중국을 함께 가기로 한 그룹과 있었던 일이다. 미리 정해준 추천도서들을 읽고 만나 강의와 대화 시간을 가지기로 했다.

한 사람이 물었다.

"추천해준 책만 읽고도 충분히 감동을 받았고 가슴이 뜨거워졌는데, 굳이 그 먼 곳까지 휴가를 내고 비용을 들여서 갈 필요가 있을까요?"

나는 대답했다.

"물론 책으로 읽고 강의를 듣고 가슴이 뜨거워질 수 있습니다. 그러나 역사는 누군가가 써놓은 글과 이야기해주는 말만으로는 다 체험할 수 없어요. 역사의 현장에서 들리는 역사의 음성을 들어야 의식과 존재의 각성이 일어납니다."

그들과 함께 중국을 갔고, 그 팀은 그 다음 해에도 역사탐방을 함께 했다. 질문을 했던 친구는 중국에 직장을 얻어 중국에 살게 되었다.

문학을 공부하면서 윤동주를 배우면 윤동주가 공부했던 교정을 밟아보기 위해 연세대학교를 방문할 필요가 있다. 정병욱과 하숙했던 소설가 김송의 옛집을 찾아보고, 인왕산 자락에 위치한 윤동주 문학관에 올라볼 필요가 있다. 더 나아가 중국 연변 조선족 자치주 명동마을의 윤동주 생가와 명동학교와 명동교회를 가보아야 한다. 윤동주 시의 배경이 되는 옛 길을 걷고 교회당 꼭대기의 십자가를 보며 그가 다녔던 학교의 교실에 앉아보는 것은, 교과서에서 읽는 시 한두 편과 선생님을 통해 소개받는 윤동주 연보를 읽는 것과는 다른 이야기다. 성북동으로 건너가 상허 이태준의 옛 가옥에 앉아 호박빙수와 전통차를 마시며, 1930년대 조직된 문인단체 구인회九人會의 이야기 속으로 들어가 그 인물들을 만나야 한다. 그 길을 따라 길상사吉祥寺로 올라가 고급 요정이 절로 바뀐 배경에 있는 시인 백석의 연인 김영한을 만나야 한다.

역사를 배우면서 정동 거리를 걷고, 헌법재판소 자리에 얽힌 월남 이상재와 개화파 청년들의 사랑방 박규수의 집터와 수백 년 역사를 내려다보고 있는 백송 앞에 서보는 것이 진짜 역사 공부이기 때문이다. 경복궁과 광화문과 덕수궁 돌담길도 역사의 길이다. 알고 걸으면 이야기가 보인다. 성북동을 걸으며 문화재를 사랑한 간송 전형필을 만나고, 간송이 아꼈던 혜곡 최순우의 이야기를 만나야 한다. 교실에서보다 최순우 옛집에 앉아 한국의 미와 멋을 이야기하고 문화재를 지켜내기 위한 그들의 씨름을 보고 듣고 배워야 한다. 역사는 머리로 기억해야 할 뿐 아니라 가슴에 새겨야 하는 교훈이기 때문이다.

교실 밖으로, 학교 밖으로 나오면 모든 세상이 교실이다. 파리의 거리에 세워진 한반도 모양의 한국전쟁 기념비를 만나보고, 미국 워싱턴D.C.에 있는 한국전쟁 기념공원에 새겨진 "Freedom is not free"라는 문구 앞에서 내가 누리는 자유에 대해 생각해보아야 한다. 마틴 루터 킹 주니어의 "I have a dream"의 연설이 있었던 자리에 서서, 뒤를 지키고 있는 링컨 기념관을 걸어보며 자유와 인권을 위해 희생했던 이들의 숨결을 느껴보아야 한다. 헤이그의 이준 열사가 순국한 호텔과 기념관을 방문하고 파리의 대한민국 임시정부 해외위원부가 있었던 건물 앞에 서보아야 한다. 지금도 한 번 방문하는 일이 쉽지 않은 시대인데, 그곳에서 나라를 잃은 임시정부의 사무실을 열고 독립을 위해 무엇을 해야 할까 고민했던 우사 김

규식의 고민도 함께 해보아야 한다.

　아는 만큼 보이고, 보는 만큼 꿈꾸고, 꿈꾸며 사는 만큼 내 것이 된다. 국가 예산 중 교육부 예산 규모가 전체 부처 중 세 번째로 많다. 실제 단일 부처가 사용하는 예산으로는 가장 많다고 볼 수 있다. 2021년도 교육 관련 예산은 약 76조 원이다. 다양한 예산의 사용처가 있겠으나 중고생들의 경험을 확장시키는 일에 많은 예산을 투입해야 한다. 최대한 많은 경험의 기회를 주어야 한다. 생애 주기를 보았을 때, 유치원에서는 놀이를 통해 호기심을 유발하고 창의성을 개발하며, 인성의 기초인 예절을 가르치는 것으로 충분하다.

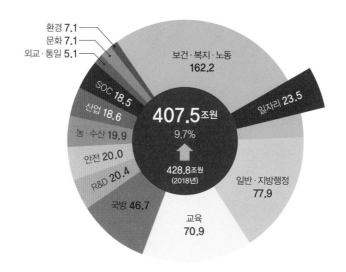

환경 7.1
문화 7.1
외교·통일 5.1
보건·복지·노동
162.2
SOC 18.5
산업 18.6
농·수산 19.9
안전 20.0
R&D 20.4
국방 46.7
407.5조원
9.7%
428.8조원
(2018년)
일자리 23.5
일반·지방행정
77.9
교육
70.9

초등교육에서는 평생 가져갈 태도와 습관을 형성하며 인성과 실력의 토대를 견고하게 만드는 일을 해야 한다. 중등교육에서는 다양한 실험과 실습, 대화와 토론을 훈련해야 하며, 고등교육에서는 실제적 경험을 극대화해야 한다. 다양한 사람들을 만나고 다양한 현장을 경험하며 자신의 열정과 꿈을 발견하는 일에 집중해야 한다. 대학 과정은 그 꿈과 열정을 학문적으로 전문적으로 훈련받는 곳이어야 한다. 그래야만 대학 졸업생들이 사회에 진출할 준비된 인재가 될 수 있다.

어깨동무학교에서는 역사탐방을 정규 프로그램으로 매달 진행한다. 역사와 문학, 예술 수업을 들으면 그와 관련된 현장을 반드시 탐방한다. 1년에 한 번 이상 해외 역사 탐방도 진행한다. 살아 있는 역사와 문학과 예술을 배울 수 있는 기회이기 때문이다. 제주도를 순례하며 역사유적지를 발로 밟으며 근현대사를 몸으로 새긴다. 안중근 의사가 이토 히로부미를 저격한 하얼빈 역과 순국한 여순 감옥의 사형장에서 그의 의지를 마음에 담는다. 백두산을 오르고 두만강과 압록강을 다니며 통일의 꿈과 의지를 품는다. 사교육비를 없애면 이런 비용도 아깝지 않고 부담되지 않는다. 어려운 친구들은 어려운 대로 주변에서 도와 함께 간다. 단지 지식으로 머리에만 남지 않고 뜻이 가슴에 새겨지는 것을 본다. 경험의 기회를 극대화하면 교육의 효과도 극대화된다.

지식 교육과 입시를 위한 주입식 교육에 치우쳐 있는 반쪽짜리 교육을 온전하게 하기 위해서라도 한국 교육은 경험 교육을 확장시켜야 한다. 학교 교실과 세상 교실의 학습 비율에 균형을 맞춰야 한다. 학생들에겐 교실을 탈출하라고 권하고 싶고, 교사들에겐 교과서를 탈출하라고 권하고 싶다. 부모들도 사교육비로 쓰는 돈을 아껴 자녀와 함께 여행을 하고, 자녀들에게 넓은 세상을 다녀볼 수 있는 역사문화 탐방의 기회를 더 만들어주라고 권하고 싶다. 그런 아이들이 인성과 실력을 갖춘, 지성과 실천력을 갖춘 아이들로 자라게 되기 때문이다.

Accelerated
개인은 존중받아 마땅하다

한 번에 한 아이씩

왕따나 학교 폭력 문제는 개인의 인성과 가정환경에서 많은 영향을 받는다. 학교가 수습할 길이 없다고 말한다. 학생을 처벌하고 학교에서 쫓아내는 것이 할 수 있는 최선이라고 생각한다. 잘못된 것이다. 교사라면 한 학생도 포기해서는 안 된다. 그런 각오가 없이 교사의 길을 가면 안 된다. 그런 교사들이 학교에 넘쳐나기 때문에 아이들이 망가지는 것이다. 세상에는 무슨 일을 해도 밥벌이로 하는 사람이 있고 사명으로 하는 사람이 있다. 밥벌이로 하는 사람들은 그저 먹고살기 위해 사는 존재들이기에 인간의 존엄이나 학생의 인권이나 한 아이의 인생에 깊은 관심을 두려 하지 않는다. 괜한 수고일 뿐 자기가 관여할 일이 아니라고 생각한다. 교육의 기본조차 이해하지 못한 사람이 교사라는 직업을 가지고 월급쟁이처럼 돈 벌러 학교를 가는 것이다. 학생들도 그런 교사들은 정확하게 안다. 학생들도 그들을 존중하지 않는다. 비극이다. 교사는 권위를 잃고 교육은 효력을 잃는 이유다.

청소년 문제라고 규정되는 일들이 해결되지 않는 데는 많은 이유가 있지만 가정 다음은 학교다. 제대로 된 부모를 만나지 못했어도 제대로 된 교사를 만나 삶이 바뀐 사람들의 이야기는 책으로 수백 권 나올 것이다. 다산 정약용과 제자 황상이 그랬다. 추사 김정희와 소치 허련과 우선 이상적이 그랬다. 자기를 알아주는 스승을 만난 제자들은 자신의 모든 것을 스승을 위해 헌신했고, 자기를 알아주는 제자를 만난 스승도 자신의 모든 것을 제자를 위해 희생했다. 진정한 스승을 만난 사람들은 자연스레 진정한 삶을 살게 되었다. 공부에 재능이 없다고 서당을 그만 나오려는 황상에게 스승 정약용이 해준 조언은 황상이 평생 옷깃에 품고 다니는 금언이 되어 그의 인생을 바꿨다. 매해 학교를 이탈하는 수만 명의 학생들을 붙잡을 수 있는 스승의 한 마디가 없기에 이탈이 일어나는 것일 수도 있다.

어깨동무학교의 교육 철학을 정립해가는 과정에서 내 가슴에 박혔던 문장은 "한 번에 한 아이씩One Child at a time"이었다. 그래서 어깨동무학교의 규모에 제한을 두었다. 교사와 학생 비율을 8:1 이상 넘지 못하도록 했다. 10:1이 되면 분반을 준비하도록 했다. 교사가 한 명 한 명 아이를 학습뿐만 아니라 인성까지 책임지고 지도한다. 어깨동무학교에도 정서적으로 불안정했던 친구가 있었다. 한 번 폭발하면 교사도 어른도 무시하고 본인의 감정을 폭발시키곤 했다. 때론 교사 한 사람이 하루종일 그 아이를 붙들고 함께 울고 타이르기도 했다. 몇 시간이 지나서 진정이 되면 다시 교실로 데리고 왔다. 그 아이는 결국 모든 과정을 훌륭하게 잘 마쳤다. 부모의 헌신적인 노력도 눈물겨웠다. 부모와 교사가 함께 어려움을 공유하며 대처해나갔다. 학생들도 처음에는 거리를 두는 분위기였으나, 부모와 교사들의 노력으로 학생들이 함께 도우며 건강을 찾았다. 처음 모습을 기억하기 힘들 정도로 아름답고 눈부신 아이가 되어 다음 과정으로 진학했다. 평생에 잊을 수 없는 친구다.

세상을 바꾸는 교사가 되는 길은 쉽고도 어렵다. 한 번에 한 아이씩 바꿔나가야 하기 때문이다. 하지만 한 아이의 세상이 바뀌면 그 아이가 살아갈 세상도 바뀐다. 교사가 엉망인 교육이 가장 큰 문제이기도 하지만, 교사가 제대로인 교육이 유일한 희망이기도 하다. 지금부터라도 대한민국 교육의 기조가 "한 번에 한 아이씩"으로 정해졌으면 좋겠다. 그렇게 못하겠다는 교사는 모두 그만두게 하면 된다. 이미 교사가 아니기 때문이다. 부모가 포기해도 진정한 교사는 제자를 포기하지 않아야 한다. 한 아이가 곧 우리가 살아갈 세상이기 때문이다.

집단 교육은 집단 폭력과 같다

같은 나이의 아이들을 한 교실에 넣어 똑같은 교과를 가르치는 것은 폭력이라고 생각한다. 나이가 같아도 잘하는 과목과 좋아하는 과목이 모두 다르다. 발달 속도도 다르며 성품도 지능도 모든 것이 다르다. 똑같은 아이는 단 한 명도 없다. 쌍둥이도 똑같지 않다. 똑같은 것을 가르치고 똑같은 시험을 쳐서 성적을 매겨 등수를 매기고 등급을 매긴다. 앞에서 말했듯이 등급은 고깃덩이에 매기면 좋다. 유식한 척하는 교육학자들의 이론과 철학자들의 철학을 들먹이지 않아도 우리는 상식적으로 안다. 인간은 인간 그 자체로 존중받을 자격과 권리가 있다는 것을. 단지 현장과 삶에서 실천하지 않는 것이 문제다.

부모도 교사도 자신이 폭력의 가해자가 될 수 있다는 사실을 기억해야 한다. 부모가 자기 자녀를 다른 자녀와 비교하며 폭언으로 비난하고 정죄한다면 엄청난 폭력의 가해자가 되는 것이다. 교사가 학생을 다른 학생과 비교하며 비하하는 것 역시 폭력의 가해자가 되는 것이다. 아이의 가정환경이나 외모나 성적이 비난의 이유가 되어서는 안 된다. 학교는 성적이 떨어지는 아이들을 열등하게 취급하거나 혼내는 곳이 아니다. 학교는 성적이 떨어지는 아이들을 도와 자기 잠재력을 발휘할 수 있도록 하는 곳이다. 자기 잠재력 이상을 하는 아이들은 다른 아이들과 비교할 것 없이 칭찬과 격려를 받아야 한다.

한 아이 한 아이의 학습 능력과 관심사는 모두 다르다. 국어, 영어, 수학 등에 뛰어난 아이들이 있다. 뛰어나지 않아도 관심이 많은 아이들도 있다. 못해도 좋아하는 아이들도 있다. 잘하는 아이도 좋아해서 잘하는 것이 아닐 수도 있다. 모든 것이 성적을 기준으로 판단되기 때문이다. 잘하면 좋아하는 것이고 못하면 싫어하는 것으로 생각하는 것은 심각한 판단의 오류다. 집단 교육은 뛰어난 아이는 하향평준화시키며 뒤떨어지는 아이는 아예 포기하게 만든다. 각 아이의 특성을 교사가 파악하고 개별적으로 지도하는 일 외에는 인성과 학습의 두 마리 토끼를 절대 잡을 수 있는 길은 없다. 학교가 하향평준화 교육과 개별성을 무시하는 집단 교육만 가능한 상황이면 개별 교육을 원하는 아이들은 학교를 떠날 수밖에 없다. 교과 내용에 대해 궁금한 것을 질문하면 학원에 가서 물어보라는 교사도 많다고 한다. 학교가 아이들을 품는 곳이 아니라 길거리로 내모는 곳이라면 왜 존재하는가? 교사는 어떤 존재인가? 다시 묻고 다시 시작해야 하는 때이다.

미국의 발달심리학 전문가인 토드 로즈Larry Todd Rose의 책 《평균의 종말》에는 '테일러주의'라는 용어가 나온다. 미국의 경영학자 프레드릭 윈슬로 테일러Frederick Winslow Taylor가 이직률이 1500퍼센트에 달하는 공장을 보며 비효율성을 개선하기 위해 '개개인성 individuality'을 무시하는 시스템을 지적했다. 과거에는 인간이 최우선이었다면 미래에는 시스템이 최우선이 돼야 한다고 주장하면서 개개인성을 무시했다. 공정의 표준화로 모든 근로자들이 동일한 생산결과를 만들어내도록 강제했다. 회사 입장에서는 두 손 들어 환영할 결과들이 나왔다. 이런 평균의 우상이 교육에도 접목되었다. 개개인의 학습능력과 개성을 무시하고 미래 공장 근로자의 수준을 끌어올리기 위한 표준화된 학습과정을 만들었다. 같은 나이의 아이들이 같은 교육을 받도록 하는 교육은 여기에서 시작되었다. 당시 언론인 헨리 루이스의 말을 인용했다. "공교육의 목표는 계몽화가 아니다. 현재의 공교육은 가능한 많은 개개인들을 똑같은 안전한 수준으로 강등시키고 표준화된 시민을 길러내고 훈련시키면서 반대 의견과 독창성을 억누르고 있을 뿐이다."

여기서 한 걸음 더 나아가 심리학자인 에드워드 손다이크Edward Lee Thorndike는 교육이 학생들을 변화시킬 수 없다고 생각했다고 한다. 교육이 할 수 있는 일은 우월한 학생들을 골라내어 나머지는 포기하고 우월한 학생들에게 지원을 집중하여 훌륭한 관리자를 키워내야 한다고 주장했다. 손다이크는 성적이 높은 학생들이 대학 공부도 잘하며 사회에서도 성공할 수 있다는 믿음을 심어주었다는 것이다. 그래서 그는 평균에 종말이 와야 한다고 주장한 것이다. 아이들의 개별성을 무시하는 표준화 교육도 문제이지만 표준화 시스템내에서 우등생과 열등생을 가려 우등생에게 투자를 집중하고, 열등생은 보통의 교육 수준 이하에 내버려둔다는 비인간적 발상이 현실이 되었다.

'평균'이라는 단어는, 한때 키가 150센티미터가 되지 않으면 사회에서 '루저loser'라는 비인간적 유행을 가능하게 했다. '몸매의 표준'은, 많은 사람을 다이어트의 지옥으로 몰아넣고 있다. 모두가 S라인을 기준으로 삼아야 했다. '평균 연봉'은, 명절에 연봉을 물어보면 안 된다는 기사가 화제가 될 정도의 사회를 만들었다. 《평균의 종말》에서는 '평균'이 정말 좋고 옳은 것인지에 대해 심각하고 도발적으로 묻고 있다. 평균이라는 잣대로 인간의 개별성을 무시하는 허상을 깨트려야 한다는 주장이 설득력 있게 들린다. 특히 한국 사회와 교육이 이런 평균의 허상에 빠져 있을 뿐 아니라, 평균을 집요하게 주장하며 평균 이상이 되고자 하는 욕망의 늪에 모두를 빠지게 했다.

조선 후기 실학자인 이덕무李德懋는 《사소절士小節》에서 말하기를 "어린아이를 가르칠 때 많은 분량을 가르쳐주는 것은 절대 금기이다. 총민한 자가 조금만 읽어서 잘 외는 것도 좋은 일이 아니거니와, 둔한 자에게 많은 분량을 읽히는 것은 마치 약한 말에게 무거운 짐을 싣는 것과 같으니 어찌 멀리 갈 이치가 있겠는가?"라고 했다. 학생을 자식처럼 생각하는 인자한 선생님, 후배와 선배의 1:1 멘토링 시스템, 진도와 관계없이 익힐 때까지 배우는 학습. 조선시대 초등교육기관인 서당에는 이 모든 것이 갖추어져 있었다. 자기주도적인 학습에 기초하여 훈장의 개인 지도와 학생 상호간에 가르치고 배우는 일이 서당의 핵심 교육이었다. 개인에게 맞는 적절한 학습 분량을 확실히 뜻을 알게 될 때까지 무한 반복했다. 동서양을 막론하고 사람을 이해하고 사람을 배려하는 교육에는 공통점이 있다. 개별성에 대한 배려와 그 세대의 특성에 대한 고려가 교육에 녹아 있다는 것이다. 오늘 우리의 교실을 점검해보아야 한다. 교사의 마음을 검진해보아야 한다. 교과과정을 교육자가 아닌 학습자 중심으로 다시 고려해보아야 한다.

어깨동무학교는 학습 성취도를 확인하기 위한 시험은 있으나 등수나 등급을 매기는 시스템은 없다. 성적표란 존재하지 않으며 과목마다 학생 개개인에 대한 교사의 의견을 서술한 내용이 가정에 전달된다. 십수 명의 아이들을 위해 십수 명의 교사들이 헌신한다. 이 작은 아이들을 놓고도 수준에 따라 같은 과목의 반을 두 그룹, 세 그룹으로 나누기도 한다. 교사들에게 힘겨운 일이다. 그럼에도 자원봉사로 그 일을 감당하는 교사들이 있다. 외부에서 자기 시간을 내어 대가도 없이 와서 수업을 진행해주는 교사가 수업 후에 따로 남아 필요한 아이들에게 1:1 지도를 한다. 세상에 없는 교육을 하기에 대다수 교사들이 교육 자료를 직접 만들어 사용하는 수고를 하지만 기쁨으로 감당한다. 보수를 받고도 감당하기 벅찬 일들이지만 교사의 헌신이 아이들의 인성과 실력의 밑거름이 된다. 어떤 과목이든지 어떤 아이도 포기하지 않게 교육해야 한다. 잘하지 못해도 즐겁게 하도록 해야 한다. 적어도 싫어하는 교사 싫어하는 과목은 없어야 한다. 잘하지 못해도 즐기지 못해도 그래도 "이런 건 배웠어요"라고 말할 수 있는 교육을 해야 한다. 집단 교육으로는 절대 안 된다. 개별화 교육을 하지 않으면 한국 교육은 미래가 없다.

한 아이도 포기하지 않는 교육

학교 다닐 때를 생각해보자. 성적이 좋지 않았던 과목이 하나쯤은 있었을 것이다. 이유는 대개 둘 중 하나다. 선생님이 싫어서 그 과목 공부를 안 했거나, 선생님이 좋아서 그 과목 공부를 안 했거나다. 둘 다 공부를 안 했다는 점에서는 같지만 결과는 크게 달라진다. 두고두고 욕하는 교사로 남든지 두고두고 기억하는 교사로 남든지. 교육은 결국 관계성이다. 관계가 틀어지면 교육이 불가능해진다. 부모와 자녀 관계가 불편해지면 대화와 소통이 막히며 어떤 말도 영향을 주지 못한다. 교사와 학생의 관계가 틀어지면 학습과 학교 생활에 심각한 영향을 미친다. 인간은 관계적 존재다. 관계를 잘 맺는 것이 교육자로서 필요한 자질이다. 관계 기반의 교육을 위해서는 학급의 적정 규모를 유지해야 한다.

개별화 교육을 실시하기 위해서는 획일화된 수업시간표를 포기해야 한다. 학생 한 명마다 자신만의 시간표를 짜는 일이 중·고등학교에서부터 가능해야 한다. 온라인 교육 과정이 도움이 될 것이다. 온라인 수업이 학습효과가 떨어진다는 평가가 있다. 맞다. 오프라인에서 수동적으로 강의만 듣던 아이들에게는 그렇다. 자기주도학습의 태도가 잡혀 있고 어려서부터 온라인으로 공부해온 아이들에게는 그리 어려운 일이 아니다. 준비 없이 처음 경험하는 일이니 교사도 학생도 부모도 모두 혼란스럽고 적응하는 데 시간이 걸린다. 자기주도학습을 기반으로 온라인교육 과정으로 공부하며 교사들이 개별 학습지도를 하면 '수포자수학을 포기한 자'는 나오지 않는다.

가속화 교육Accelerated Education은 교육계에서는 일반적으로 학생들의 수업 진도를 빠르게 나가는 것에 초점이 맞추어져 있다. 액셀러레이터Accelerator의 역할은 속도를 조절하는 것이다. 빨리 가야 할 때와 늦춰야 할 때 모두 액셀러레이터로 조절한다. 영어가 평균보다 빠른 아이들은 빨리 학습할 수 있는 것처럼, 느린 아이들도 자기 속도대로 달릴 수 있게 하는 교육이다. 영어가 빠른 아이라고 다른 모든 과목에도 빠르지는 않다. 학생 하나하나가 자기만의 속도로 달릴 수 있게 허락하는 교육이다. 어떤 평균에 도달하기 위해 속도 조절을 하는 것이 아니라 자기가 정한 목표에 도달하도록 하기 위한 개별학습을 하도록 돕는 것이다.

공교육은 산업사회의 구조적인 부산물이다. 부모가 공장에서 개별성을 상실하고 기계의 부속처럼 작업하듯, 자녀도 학교에서 개별성을 잃어버리고 기계의 부속이 되는 교육을 연습하고 있었다. 매주 나가야 하는 진도가 있으니, 매주 따라오지 못하는 아이들은 버리고 간다. 교사는 맡겨진 수업시간에 가르쳐야 할 진도만 설명하고 따라오지 못하는 아이들은 그들의 책임으로 돌리거나 사교육이 필요하다고 부추긴다. 공교육이 다 잘못되지는 않았다. 그러나 학생 한 사람이라도 포기하거나 버리는 교육을 하고 있다면 잘못된 것이다. 그것은 학교의 책임, 교사의 책임을 다하지 못하는 것이기 때문이다. 한 아이도 포기하지 않는 교육. 그런 교육이 대한민국을 살릴 미래 교육이다.

Nature
자연이 진정한 인간을 만든다

자연은 인간의 본질을 깨닫게 한다

인간은 자연을 마음대로 유린하고 파괴하고 주인 노릇을 하지만, 가끔씩 자연은 우리에게 겸손하라고 메시지를 준다. 대자연 Great Nature 이라는 말 앞에 인간은 한없이 작아진다. 바다에 떨어지는 모래 한 알과 인간 하나가 하늘에서는 똑같아 보일 뿐이다. 거대한 산처럼 오래 자기 자리를 지키는 인간은 없다. "바다는 다 받아주어서 바다"라고 한다. 인간이 바다에 버리는 온갖 쓰레기와 오물을 말없이 받아준다. 그러다 해일이 한번 몰려와 인간이 바다에 던진 쓰레기들을 산더미같이 해안가에 토해놓고 간다. 지진은 자연의 몸살 같고 폭우는 자연의 눈물 같다. 자연재해가 일어날 때마다 인간은 자초한 일이라 자책한다. 인간은 자연과 분리되어 살 수 없다. 그래서 자연 속에서 태어나고 살고 죽은 대다수 원주민들은 대자연을 엄마Mother Nature와 같이 생각했다.

공동체 없이 리더가 성립될 수 없듯이 자연 없이 인간의 삶은 불가능하다. 자연을 엄마라고 부르는 이유는 자연이 인간에게 생명을 지속할 수 있는 환경과, 기거하고 먹고 그 안에서 누리고 자라는 터전이 되어주기 때문이다. 그러하기에 인간은 자연에 대한 책임이 있다. 더불어 살아가야 한다. 팬데믹이 여전히 세계를 휩쓸고 있다. 지난 한 세기에 경험한 재난 중에 가장 심각한 재난이다. 이만큼 문명을 발달시킨 인간이 아직 이 문제를 해결하지 못하고 있다. 해결할 기미가 보이면 또 다른 모습이 되어 나타난다. 결국 탐욕에 물든 인간을 향한 자연의 반격이라 겸허히 받아들여야 한다.

대자연 안에서 인간의 위대함이란 얼마나 초라한가. 인간이 이루어놓은 문명의 화려함과 강성함에 압도되기도 하지만, 이 모든 것을 한꺼번에 무의미한 것으로 만들 수도 있는 것이 자연의 힘이다. 인간은 자연 앞에서 겸손을 배운다. 수만 년의 세월이 지나는 동안 그 자리를 지키고 있는 산봉우리를 생각해보라. 못생긴 나무가 산을 지킨다는 말을 곰곰이 생각해보라. 아이들 교육에 자연에 대한 경외를 심어주는 것이 인성 교육에 중요한 기초가 된다. 겸손은 장수하는 리더십의 최고의 덕목이다. 겸손은 사회생활의 미덕이다. 겸손은 자신 스스로를 존귀한 자로 만들어준다. 자연에게서 배우지 못하면 어느 곳에서도 배울 수 없다.

자연은 생명 존중을 배우는 곳이다

자연에는 생태계가 있다. 먹고 먹히는 먹이사슬도 존재하지만 공생과 기생이 가능한 곳이다. 만물의 영장인 인간을 기생충이라고 표현할 때는 비하하는 표현이 되지만 자연에서 기생은 자연스러운 것이다. 더불어 살아가는 법을 익힌 것이다. 스스로 함께 살아갈 수 있는 환경을 조성하고 유지해나가는 것이다. 낙엽도 쓰러져 죽은 고목도 다시 자연을 살리는 양분이 된다. 권정생 선생의 동화《강아지 똥》처럼 자연은 세상에 쓸모없는 존재는 없다는 것을 보여주는 교실이다. 우리는 자연과 숲을 가까이하고 생명의 신비와 생태계를 이해하는 아이들로 키워야 한다.

사회에도 생태계가 있다. 나 살자고 다른 이들의 죽음을 외면하는 행위는 결국 모두를 죽이는 행위라는 것을 늘 인식하고 있다면 살 만한 세상이 될 것이다. 낙엽 한 잎에도 생의 의미가 담겨 있다면 인격을 가진 인간 존재의 생명을 존중하는 일은 당연한 일이 될 것이다. 생명 존중이 사라지는 사회가 되고 있다. 낙태에서부터 입양의 아름다움을 훼손하는 아동학대와 유치원생 폭행 사건, 청소년의 자살과 자해, 장애인 차별과 인권 유린, 직장 내 성희롱과 성폭행, 노인 폭행 등의 사회 문제는 생명을 경시하는 데부터 시작된 것이다. 미혼모와 어린 생명에 대한 존중만 있어도 낙태 문제는 법으로 논할 필요가 없다. 부모의 불안은 아이의 생명이 안전한 상황에 있지 않다고 느끼기 때문이다. 2020년 12월 출소한 아동 성범죄자 조두순으로 인해 그 지역과 대한민국 전체가 떠들썩하고 긴장하게 되었다.

정치적 이해관계와 사리사욕을 위해 사람을 죽이는 것을 아무렇지 않게 생각하던 시절이 있었다. 지금에 와서 긍정적인 결과가 무엇이 있는지는 도무지 모르겠지만, '그때는 필요했고 그 덕분'이라는 궤변이 통하는 세상은 사람이 살 만한 세상이 아니다. 생명이 존중되지 않는 세상이 가장 비극적인 세상이다. 살 만한 세상이란 생명 존중 사상이 살아 있는 세상이다. 자연이 어떻게 더불어 살아가는지 그리고 인간이라는 고귀한 존재를 위해 어떻게 자신을 말없이 희생하는지 경험하며 경외심을 가져야 한다. 생명에 대한 경외를 배우는 것이 교육의 기본이다. 무엇을 배우든지 생명을 존중하고 생명을 살리는 인간이 되라는 조용하고 묵직한 목소리가 들리는 현장이 '대자연'이며 '엄마의 품 같은 자연'이다.

자연은 인생을 배우는 곳이다

제주도에 가면 항상 방문하는 곳이 있다. '환상숲'이라는 곶자왈이다. 곶자왈은 숲을 뜻하는 제주어 '곶'과 가시덤불을 뜻하는 '자왈'을 합쳐 만든 단어다. 숲 해설을 하는 분들이 그곳을 소유하고 그곳에서 사는 가족이다. 함께 숲을 한 바퀴 돌며 숲 해설을 듣고 나면 자연의 신비와 설계자인 신의 지혜에 탄복하게 된다. 흙 없이 돌 위에 형성된 숲도 신기하고 숲의 숨결이 피부에 와닿는 경험을 할 수 있다. 자연이 펼쳐놓은 인생 교과서라 할 수 있다. 갈등葛藤이라는 단어가 칡 '갈'과 등나무 '등'에서 비롯되었다는 말을 현장에서 확인할 수 있다. 칡나무와 등나무가 서로 다른 방향으로 나무를 타고 올라가며 얽혀 있듯 인간관계도 그렇게 얽히고설켜 있음을 보여준다. 결국 서로를 눌러 말라 죽게 하지만 전세는 늘 역전되며 반복된다. '갈등 없는 인생은 없고 그렇게 얽히고설키며 살아가는 것이 인생'이라고 위로하는 것 같다. '인생은 이길 때도 있고 질 때도 있는 것이니 너무 안달하지 말라'고 타이르는 것 같다.

자연은 계절에 정직하게 반응한다. 생의 주기가 있고 그것에 저항하지 않는다. 자연에서 와서 자연으로 돌아간다는 것을 조용히 웅변한다. 구차한 생을 연명하려는 인간의 몸부림을 부끄럽게 만든다. 병든 인간이 자연을 찾아 들어오면 조용히 어루만지며 위로하기도 하고 치유하기도 한다. 도시는 인간을 망가트려도 자연은 인간을 회복시킨다. 인위적으로 만들어진 인스턴트 음식보다 자연이 주는 것들이 훨씬 건강하다는 것은 상식이다. 자연 속에서 자연으과 더불어 먹고 마시는 사람에게는 영양제가 따로 필요 없다. 자연은 우리에게 필요한 모든 것을 준다.

인간이 흙에서 와서 흙으로 돌아간다는 사실을 자연이 증거한다. 나무도 잎도 새도 짐승도 자연에서 나와 자연으로 돌아간다. 한 줌 흙으로 자연으로 돌아가 자연을 살게 한다. 인생도 그런 것이다. 사람에게서 사람이 나오고 사람과 함께 살다 흙으로 돌아간다. 그의 무덤이 얼마나 화려하고 큰 규모를 자랑하든지, 그 안에는 한 줌 흙이상의 어떤 것도 존재하지 않는다. 철학을 배우기에 가장 좋은 교실은 자연이다. 자연의 신비는 인생의 신비와 맞닿아 있어서 많은 깨달음을 준다.

자연 교실을 매주 수업에 활용한다

교실에서 교사가 교과서로 가르칠 수 없는 수업을 자연이 할 수 있다. 어릴 때 숲으로 바다로 가던 학교 소풍이 사라져간다. 인간과 문명이 만든 그 속으로 더 깊이 들어가는 소풍이 아쉽다. 노는데도 돈을 들여 놀아야 하는 현실이 인간의 삶이 얼마나 지옥인지 보여준다. 자연에 두면 아이들은 스스로 놀이를 만들어낸다. 창의성은 학원에서 배우는 것이 아니다. 의도를 가지고 가르치려드는 순간 가르칠 수 없는 것이 창의성이다. 호연지기浩然之氣 와 같은 대범한 성품은 교실에서 가르칠 수 있는 것이 아니다.

신라의 삼국통일에 큰 기틀이 되었던 청소년 수련단체인 화랑도花郎徒를 생각해보라. 한 명의 화랑 밑에 수십 수백의 낭도들이 함께하며 학교나 집에만 머무는 것이 아니라 자연을 순례하며 정신과 육체를 단련했다. 화랑들은 원광圓光 법사가 정리한 것으로 알려진 세속오계世俗五戒 를 지켰다. 그 가운데 마지막 오계가 살생유택殺生有擇 이다. 살아 있는 것을 죽일 때에는 가림이 있어야 한다는 것이다. 대자연을 누비며 몸과 마음을 닦는 청소년들에게 불교의 생명 존중 사상도 포함되어 있겠지만, 생명과 자연에 대한 의식을 가르친 것으로 볼 수 있다. 임전무퇴臨戰無退 라는 사계도 싸움에 나가서 물러남이 없는 담력과 자신감의 호연지기를 말하는 것이다. 호연지기는 의를 타협하지 않는 대범한 성품이다. 즉 인성의 중요한 한 측면이다. 맹자는 이러한 호연지기는 작은 불의를 타협하지 않는 데부터 형성된다고 했다. 굴하지 않는 기질의 군건함은 크고 작은 시련을 극복해내는 경험이 필수적이며 자연 속에서 형성되는 것이다.

창조성은 낯섦에서 온다. 타 문화권에서 살아본 경험이 있는 사람들이 그렇지 않은 사람들보다 창의성이 뛰어나다는 연구 결과가 있다. 낯선 환경을 자주 접하는 아이들이 호기심과 창의성에 더 자극을 받는다. 어깨동무학교는 가능한 자주 산책과 등산을 하게 되어 있다. 도시에서도 자연을 가까이할 수 있는 곳을 찾아 흙도 만지

청정교육
C.L.E.A.N EDUCATION

공동체
Community

리더십
LEADERSHIP

자연학습
NATURE

청정교육
CLEAN EDU

경험학습
EXPERIENCE

개별학습
ACCELERATED

고 물에도 들어가며 숲 해설을 듣기도 하며 자연을 가까이한다. 산에 오르거나 자연에 데려가면 아이들은 늘 묻는다. "뭐하고 놀아요?" "심심해요"라고 말한다. 알아서 놀아보라고 하면 5분이 지나지 않아 놀이를 만들어낸다. 주변에 있는 모든 것이 놀이의 도구며 '호기심 천국'이 된다. 스마트폰과 게임 문제를 해결하려면 자연에 자주 데리고 나가면 된다. 캠핑은 종합예술과 같은 수업이다. 스스로 집을 짓는 경험이며 재료를 준비하여 식사를 만들고 불편한 가운데 자고 씻고 자연과 더불어 살아가는 법을 배운다.

자연 속에서 자란 아이들이 자연스러운 아이들이 된다. 자연과 사람과 조화를 이루는 가장 좋은 훈련장이 자연 교실이다. 창의성과 감성 교육에 가장 적합한 교실이 자연 교실이다. 의지력과 회복탄력성Resilience 교육에 가장 적합한 곳이 자연이다. 자연에서 수업하지 않는 학생들이 이런 과목을 배운 예를 본 적이 없다. 강조하고 또 강조한다. "세상의 모든 길은 복도요, 길 바깥은 모두 교실이다." 자연 교실을 회복해야 아이들이 회복되고 한국 교육이 회복된다.

chapter 5

다 시
세 우 다

항 상 통 하 는 공 부 의 기 초 들

공부는 신분상승보다 인간다움을 위해

공부가 뭘까? 교육의 정의와 비슷한 맥락이다. '인성'과 '실력'이 교육의 두 기둥이라면, '지혜'와 '지식'이 공부의 두 기둥이라고 할 수 있다. 지식은 세상 모든 것에 대한 이해라면 지혜는 지식을 활용하는 감각이라고 할 수 있다. 지혜가 철학적인 단어로 오해받고 있지만, 상당히 실용적인 단어다. 수학공식을 배우고 암기하는 일이 지식이라면, 문제에 적용할 공식을 찾아내는 감각은 지혜라고 할 수 있다. 인생에도 복잡한 문제의 해결에는 지식과 지혜가 총동원되어야 한다. 문제를 파악하고 이해하기 위해서는 아는 지식을 총동원해야 하고, 그 지식을 활용하고 적용하여 문제를 풀어나가는 데는 지혜를 짜내야 한다.

지식과 지혜를 공부하는 데 있어서 기초는 고전이다. 모든 학문은 누적된다. 하늘 아래 새 것이 없다고, 하늘에서 뚝 떨어진 학문은 없다. 지금의 첨단 IT산업도 기름 때 묻히는 제조업에서부터 시작된 것이다. 고전이 중요한 이유는 모든 학문의 시작이기 때문이다. 어떤 생각의 줄기를 따라 원류를 찾아가다보면 만나는 것이 고전이다. 그래서 고전 교육에 관심을 가져야 한다. 고전 교육은 천년 이상을 이어온 뿌리가 깊고 검증된 학문이다. 산업화가 진행되며 실용 학문이 인기를 얻게 되고 실생활과 돈벌이에 써먹지 못하는 학문들이 조금씩 중심에서 밀려나기 시작했다. 앞서 언급했듯이 모든 것은 균형을 찾아 좌우로 흔들리기 마련이다. 실용 학문이 만들어내는 비인간화에 염증을 느낀 사람들이 다시 고전 교육을 강조하기 시작했다.

본질에 충실한 교육을 한다는 의미와 통합적인 안목으로 균형 잡힌 교육을 한다는 뜻을 여기서 다시 정리해보아야 하겠다. 많은 학교들이 실용 학문에 치우치고 있을 때에도, 우리가 좋은 대학이라고 알고 있는 학교들은 그러지 않았다. 한국의 대학들이 '취업사관학교'를 자처할 때에도 미국의 명문 대학인 하버드대학교, 예일대학교, 보스턴대학교, 시카고대학교 등 역사와 전통이 있는 학교들의 학부는 여전히 '자유과Liberal Arts'의 전통을 버리지 않았다. 자유과는 고대 그리스에서 르네상스 시대에 이르기까지 자유민에게 필요하다고 생각된 교양 과목을 말한다. 신학을 제외한 문법, 수사학, 변증법, 산술, 기하학, 천문학, 음악의 7학과로, 특히 중세의 교육 기관에서 가르쳤다.

미국의 상위권 종합대학의 주요 특징은, 어떠한 시대 변화에도 불구하고 인문 교육에 속하는 자유과 교육의 전통을 지켜왔다는 것이다. 전공과 관계없이 학부를 졸업하기까지 역사, 철학, 예술, 과학 등을 상당 분량 공부를 해야 한다. 그 공부가 대학원 이상의 공부를 위한 기초인 것을 알기 때문일 뿐 아니라, 그 기초가 없는 공부는 공부가 아니라고 생각하기 때문이다.

자유과는 교양 있는 지식인이 갖춰야 할 인문학적 소양만을 의미하지는 않는다. 인문학적 소양에 자연과학에 대한 이해가 더해져 단순한 인문학 공부보다는 더 폭이 넓고 실용학문에 적용하기에 적합한 교육이다. 자유과 교육이 다양한 직업직무 교육의 기초가 될 수 있는 이유이다. 한때 'Liberal Arts'로 불리는 이름 그 자체가 차별적인 의미를 담고 있어 비판을 받기도 했다. 특히 고대에는 공부할 수 있는 자유는 기득권에 속하는 고위층과 부유층에게만 주어졌다. 노예들에게는 자유학문을 가르치지 않았다. 그들이 자유에 대한 갈망을 가질 것을 두려워 한 이유도 있다. 노예들은 충성과 순종만 하면 충분했다. 그렇기 때문에 잘못된 교육이라 말해서는 안 되고 오히려 이런 교육이 모두에게 가능해져야 한다는 것이다.

고대와 중세 그리고 근대에 와서도 고전 교육과 실용 교육은 물과 기름처럼 나뉘어 있었다. 그나마 서구 근대 교육이 고전 교육을 일반 시민 교육 전반에 확산되게 하였다. 한국 교육은 100년 남짓한 역사 속에 이러한 오랜 기간에 걸쳐 일어난 변화를 모두 경험하게 되었다. 그나마 근래에 인문학 교육의 중요성과 위기가 함께 대두되어 다양한 탈출구를 모색하고 있는 것은 다행이라고 볼 수 있다. 대학에서는 인문학과들의 위기가 심각하지만, 서점가에서는 인문학 열풍은 쉽게 사그라들지 않는 것 같다. 교육을 받고 성장하는 과정에서 충분히 했어야 하는 공부를 뒤늦게 하는 '소 잃고 외양간 고치는' 공부가 아닌가 싶다.

트리비움Trivium은 자유과의 갈래 중 하나로, 문법Grammar과 논리 Logic, 수사학Rhetoric이 여기에 해당된다. 여기에서 더 확장된 공부가 쿼드리비움Quadrivium으로 산술, 기하학, 음악, 천문학이다. 그리스로마 시대부터 이어져 내려오던 교육의 전통을 중세에 와서 구체적인 학문 영역으로 구분한 것이다. 그런 의미에서 서구 전통의 고전 교육의 역사도 수천 년은 족히 넘었다. 동양에서는 전통적으로 '공부 좀 한다' 하면 문사철文史哲 시서화詩書畵에 능해야 했다. 동서양을 통틀어 공부 좀 한다는 사람은 이미 21세기 공부의 최고봉인 융합 전공을 했다는 뜻이다. 1900년대 한국의 독립운동가들의 면면을 살펴보면, 10대에 이미 어느 정도의 인격적 성숙과 리더십을 발휘하는 것을 보게 된다. 그 공통적 기초가 동양의 인문학 공부인 문사철 시서화인 것이다.

공부를 열심히 하는 것보다 중요한 것이 공부를 제대로 하는 방법인데, 제대로 하면 시간이 걸려도 잘하게 되어 있다. 공부를 제대로 하기 위한 기초는 모두가 알고 있는 읽기, 생각하기, 쓰기, 말하기이다. 안다고 잘하는 것도 아니고 안다고 다 실천하는 것도 아니다. 그래서 기초가 어려운 법이다. 반복을 지속하여 습관이 되도록 하지 않으면 언제든지 무너져내리는 이유가 되는 것이다. 대한민국 교육 현장에서 경험하는 공부는 기초가 부실한 공부가 많다. 그래서 학벌이 높을수록 불안감도 더 커지는 것이다. 본인 스스로가 기초가 부실하다는 것을 알고 있기 때문이다.

우리 교육의 기초가 부실한 이유는 교육의 목표가 잘못 설정되었기 때문이다. 교육하는 이유와 목적이 인간다운 삶을 위한 것이 아니라 신분 세탁과 신분 상승을 위한 것으로 전락했기 때문이다. 고대로부터 우리나라에도 교육기관이 존재해왔다. 고구려에는 이미 태학과 경당으로 공사립 교육이 구분되어 있었다. 신라는 화랑도 제도가 학교의 역할을 했고 삼국 통일 이후 국학이 설립되었다. 과거제도의 시초라 볼 수 있는 독서삼품과讀書三品科도 이때 시작되었다. 통일신라의 트리비움과 같은 독서 능력과 그 뜻을 파악하는 것이 중요한 판단 기준이 되었다. 고려시대에도 국자감, 향교, 학당 등 관사학이 함께 발달했다. 조선시대에도 최고 교육 기관인 성균관과 중등 교육기관인 동학, 서학, 남학, 중학의 4학이 있었으며, 지방에는 향교가 있었다. 서당은 초등 교육기관에 해당하는 역할을 하였으나 나이에는 거의 제한을 두지 않았다.

21세기 서당 교육을 꿈꾸다

어깨동무학교 설립을 준비하며 미래지향적인 교육에 대해 고민할수록 우리나라 서당 교육이 눈에 들어왔다. '청정교육'의 좋은 본보기가 우리나라에 있다는 사실을 발견한 기쁨이 컸다. 교육개혁에 있어 서구의 좋은 모델들을 찾아보는 일도 의미가 있지만, 우리 역사 속의 교육 모델이 우리 실정과 정서에 가장 잘 맞을 것이라는 생각이 들었다. 다양한 관립과 사립 교육기관들이 있었지만, 서당이 가장 적합한 모델이었다. 서당 이외 학당이나 서원에서 이루어지는 교육도 유교적 원리에 따른 교육을 하였으나, 서당이 운영되는 원리는 지금 시대와 비교해보아도 참신하다고 할 수 있다.

서당 교육은 세대통합 교육이다. 앞서 '청정교육'에 있어 공동체 회복이 가장 중요하다고 했다. 서당은 그 자체가 '마을 공동체 속의 작은 마을 공동체'다. 또한 학습 공동체이자 관계성의 공동체다. 훈장을 부모님처럼 모셨고, 부모들도 훈장을 존중했다. 훈장은 마을의 어른 역할도 했다. 그런 훈장을 돕는 학생 대표, 즉 반장 역할을 하는 사람을 '접장接長'이라고 불렀다. 접장은 훈장을 도와 선생의 역할도 했다. 진도가 빠른 아이는 늦은 아이를 이끌어주었다. 배움에는 나이가 없다고 말하지만, 교육 현장에서 나이를 기준으로 교육하는 이상 그런 의식은 형성될 수 없다. 모르는 것은 부끄러운 일이 아니라고 말하지만 '몇 학년인데 그것도 모르냐'는 말을 듣는 이상 부끄러움을 느낄 수밖에 없다. 함께 어우러져 함께 배우는 학습 공동체가 아니고서는 이런 문제들을 해결할 수 없다. 선현들의 지혜가 놀랍다.

서당 교육은 개별화 교육이었다. 몇 명의 아이가 한 방에 있든지 개인의 진도는 다 달랐다. 각자의 수준에 따라 정해진 교재를 계속 읽어 암송하고 그 뜻을 찾아가는 과정을 거친다. 막히는 부분이나 학습 진도는 훈장이 개별적으로 확인하고 고쳐준다. 나이에 관계없이 자기 수준에 맞는 공부를 시작하고 학우들의 도움을 받기도 하고 훈장이 개인적으로 바른 이해를 도와준다. 훈장은 부모와도 같아서 공부를 어려워하거나 포기하려는 아이들은 개인적으로 면담과 보충학습을 통해 포기하지 않도록 도와주는 경우도 많았다.

서당 교육은 인성과 실력의 두 마리 토끼를 다 잡는 곳이었다. 좋은 훈장이 있는 서당에는 기숙을 하며 배우는 학생들이 있었다. 아침에 문안 인사를 올리는 것과 배움의 매듭마다 감사를 표시하는 것은 기본이었다. 배움의 내용도 단지 과거시험을 통과하기 위한 공부가 아니라 인간관계의 도리, 만물의 이치를 먼저 배우고 역사와 문학, 읽기와 쓰기 등 다양한 학습 방법과 야외 활동까지 겸하였다고 한다. 체력단련까지 시키는 서당이 있었다고 하니, 그 시대에 이미 전인적 인간을 교육하는 원리를 터득했던 것이 우리의 교육이었다.

21세기 서당 교육이 중요한 교육의 모토인 어깨동무학교에도 이와 비슷한 장면들이 날마다 연출된다. 아이들은 무학년으로 자기 수준에 맞는 개별학습을 진행하면서도 또래들과 비슷한 진도를 유지하도록 여유를 두고 돕는다. 행실의 잘못은 나무라지만 공부 결과를 놓고 나무라지 않는다. 격려와 자극을 통해 열심을 내도록 도울 뿐이다. 교사들도 서로 비교하는 말을 하지 않고 각자의 장점을 칭찬한다. 특히 7~13세 교육은 공부의 기초 세우기와 인성의 기초 세우기에 전심전력을 다한다. 교과 진도도 중요하지만 학습 태도와 습관을 만드는 일에 더 집중하고 언어와 태도를 바로 세우는 일에 많은 시간을 투자한다. 야외학습 시간을 절대적으로 확보하고 전인적인 성장을 도모한다. 무엇보다 어떤 형편에 있는 아이든지 한 아이도 포기하지 않는 교육을 하는 곳이 어깨동무학교라는 사실이 중요하다. 가정 형편이 어려워도 장애가 있어도 심리적 상처를 안고 사는 아이라도 절대로 포기하지 않는 교육이 이루어지는 곳이 어깨동무학교다.

대한민국 교육 현장 가운데 초등 교육에서는 서당의 원리를 적용하는 것이 미래 교육의 대안이라는 확신이 있다. 학령 인구가 많이 줄어 도시를 제외하고는 교실이 비어간다. 오히려 시골 변두리 지역에서 시도해볼 수 있는 좋은 교육 모델이다. 결과는 놀라운 반전이 일어날 것이다. 지금도 지방의 작은 분교들은 교육부의 전폭적인 지원으로 다양한 혜택을 누리는 곳이 많다. 도시에서는 개인이 사교육비로 지출해야 하는 공부와 예체능 활동을 교육부의 지원으로 학교에서 지원받을 수 있는 곳도 많다. 꼴찌들의 반란까지는 아니어도 대안학교와 지방 분교들부터 21세기 서당 교육을 통해 제대로 공부의 기초를 쌓으면 그 아이들의 미래에 놀라운 반전을 기대할 수 있다. 도시로 가거나 엄청난 경제적 성공을 이룬다는 뜻보다는 시골에 머물러도 왜 머무는지 알 것이며 도시로 나가도 왜 나가는지 알 것이고 그곳에서 무엇을 지키고 무엇을 잃어버리면 안 되는지도 알 것이기 때문이다. 사람을 알고 흐름을 읽고 어떤 새로운 것도 학습할 태도와 습관을 가지고 있는 아이들이라면 걱정할 것 없다. 미래 교육은 오래된 교육이 그 길일 수 있다.

유대인들이 시대의 변화에 따라 학습방법을 바꿨다는 얘기는 들어본 적이 없다. 앞에서 밝혔지만 미국의 유수한 사립 중·고등학교와 대학교들은 여전히 트리비움의 기초를 중요하게 여기며 그 기초를 포기한 적이 없다. 시카고대학처럼 대학의 위기에 오히려 인문고전 교육으로 돌아간 예는 많다. 실용 교육이 판을 치고 있는 것이 대한민국 교육 현실이다. 서당 교육에서 차분하게 교육의 본질을 한번 되짚어보며 구체적인 변화를 시도해보는 것은 어떨까?

지금도 여전히 고등교육을 위해서는 자유과의 일곱 과목을 공부해야 한다. 동양 방법으로 그 길을 가려면 문사철 시서화의 길을 가면 된다. 놀라운 것은 어느 길로 가도 끝은 통합적 학문이라는 한 결론에서 만나게 된다는 것이다. 이 과목들이 현대를 살아가는 데 필요한 모든 교육이라는 말이 아니다. 모든 공부의 기초가 된다는 말이다. 기초가 부실한 교육은 반드시 무너진다. 온전한 교육이 추구하는 인성과 실력의 두 마리 토끼를 잡기 위해서는 동서양의 고전 교육이라는 길을 반드시 걸어가야 한다. 고전 교육의 길에서 중요한 네 가지 공부의 기초를 살펴보자.

모든 공부를 위한 네 가지 기초

1. 읽기

독서백편의자현(讀書百遍義自見)

좋은 글을 쓰고 싶으면 좋은 글을 많이 읽어야 한다. 내 속에 없는 문장이 나오지 않는다. 영어 공부의 발전 가능성이 어휘력에 달린 것과 같다. 좋은 문장들이 내 안에 많이 들어와야 새로운 문장들이 재창조된다. 21세기에는 읽고 보고 듣고 느끼는 모든 것이 읽기의 영역에 포함된다.

읽기는 문자가 생긴 이래 공부의 기초로 자리 잡았다. 문자는 의사소통의 중요한 도구일 뿐 아니라 계약의 증거가 되고 역사가 기록되기 시작했다. 배움에 읽기가 필요하게 된 것이다. 문자가 생기지 않았으면 힘들여 읽을 일도 없을 것이라고 생각하는 사람은 없을 것이다. 문자가 없었다면 인간문명의 발전도 없었을 것이기 때문이다. 글을 읽고 쓸 줄 안다는 것은 단지 공부를 할 수 있다는 뜻을 훨씬 넘어선다. 종교개혁이 성공하게 된 큰 원인도 사제들만 읽던 라틴어 성경을 시민들이 영어와 독일어로 읽을 수 있게 되었기 때문이다. 인쇄술의 발달은 그 시대 많은 영역에 혁명을 가져왔다. 방대한 지식의 축적과 공유가 가능해졌고 그것을 기반으로 문명은 계속 발전해왔다. 읽기는 하고 말고의 문제가 아니다. 살기 위해 읽어야 하고 삶을 위해 읽어야 한다. 기본적인 교양과 상식을 갖춘 사람으로 살기 위해 읽어야 하는 세상이 되었다.

시대의 변화가 읽기뿐만 아니라 보기와 듣기의 영역까지 확장되게 만들었다. 트리비움의 '문법' 단계와 같다. 최대한 많은 정보를 반복적으로 학습하며 습득하는 과정이다. 생각하기 이해의 과정이며 우리 고전 공부에서는 "문리文理가 트인다"라고 표현했다. 트리비움에서는 '논리'의 단계다. 쓰기는 글쓰기와 영상 또는 이미지로 표현하는 과정이다. 말하기는 대화와 토론 또는 지식을 유통하는 과정이다. 마지막 두 단계는 트리비움에서는 '수사' 단계와 같다. 공부를 제대로 하는 이런 기초가 잡히면 공부 잘하는 길로 들어서는 것은 시간 문제이다. 트리비움문법, 논리, 수사의 기초 위에 퀴드리비움산술, 기하, 음악, 천문 등으로 확장되는 것과 같은 원리다.

읽기의 중요성은 백 번 되풀이해서 읽으면 그 의미가 저절로 드러난다는 독서백편의자현讀書百遍義自見이라는 말에서 찾아볼 수 있다. 볼 '견見'은 드러날 '현見'으로 읽히기도 한다. 읽는 것이 곧 뜻을 드러나게 하는 행위라는 뜻이다. 독서백편의자현은 후한 시대 동우董遇의 말이다. 가난하게 살면서 공부에 열중해 문리가 트이고 그의 뛰어난 학식이 알려지자 많은 사람들이 동우를 찾아와 배우기를 청했다. 동우는 찾아온 사람들을 가르치려 하지 않았다. "필당선독백편必當先讀百遍, 언독서백편기의자현言讀書百遍其義自見"이라 말하며 "먼저 책을 백 번 정도 읽다보면 글의 의미는 저절로 드러난다"고 한 데서 유래했다.

지식과 정보를 영상을 보고 배우고 오디오북으로 듣고 배우는 시대가 되었는데 아직도 책을 읽어야만 배우는 독서가 그렇게 중요하냐고 물을 수 있다. 당연히 중요하다. 영상도 줄거리와 메시지를 담고 있고 오디오북도 종이책과 마찬가지로 내용이 있고 주제가 있고 핵심이 있다. 파악하는 힘이 읽기의 힘이다. 읽든지 보든지 듣든지 주제와 핵심과 줄거리를 파악하는 것은 읽기의 영역이다. 보아도 읽어내지 못하고 들어도 읽어내지 못하면 단지 책 읽기뿐만 아니라 보고 듣기도 아무 의미가 없다.

조선 후기 실학자인 이덕무는 《이목구심서耳目口心書》에서 독서의 네 가지 유익한 점을 기록했다. 첫째는, 배가 고플 때 책을 읽으면 소리가 두 배나 낭랑해져서 담긴 뜻을 음미하느라 배고픈 줄도 모르게 된다는 것이다. 둘째는, 추울 때 책을 읽으면 기운이 소리를 따라 흐르고 돌아 몸속이 편안해지니 추위를 잊기에 충분하다고 했다. 셋째는, 이런저런 근심으로 괴로울 때 책을 읽으면 눈이 글자에만 쏠려 마음이 이치와 하나가 되어 오만가지 생각이 사라진다는 것이다. 네 번째는, 병으로 기침할 때 책을 읽으면 기운이 시원스레 통해 아무 걸림이 없어져서 기침소리도 문득 멎는다는 것이다. 덥지도 춥지도 않고 배고프지도 배부르지도 않으면 마음이 화평해지고 몸도 건강해진다는 것이다. 이덕무가 생전 읽은 책만 2만 권이 넘는다고 한다. 가히 '백과사전'이라 할 만한 그의 시문집 《청장관전서靑莊館全書》는 그의 사후에 아들이 엮었다. 그는 생전에 가난한 선비로서 책을 이불 위에 덮고 병풍처럼 바람막이로 세워두며 살았으나 행복했다. '간서치看書癡'라는 별명을 가진 그의 삶이 독서의 힘을 가장 강력하게 보여주는 예라 하겠다. 책 읽기에 빠진 사람에게는 인생의 어떤 어려움도 이겨낼 만큼 큰 기쁨이 있다는 것이다.

지나친 표현일지 모르지만, 책 읽기는 무조건 유익하다. 책 제목에서라도 배울 것이 있다. 자녀 양육서인 《넘치게 사랑하고 부족하게 키워라》처럼 내용이 뻔히 예측되지만 제목에서만도 배울 것이 있다. 목차, 머리말, 아무렇게나 펴든 한 페이지에서 인생의 문장을 만날 수도 있다. 나름 책을 많이 읽은 사람으로서 몇 가지 읽기의 방법을 소개한다. 독서법에 대해서야 다산의 독서법, 이덕무의 독서법, 율곡 이이의 독서법 등 시중에 좋은 책들이 많으니 참고하면 된다. 실생활에서 독서를 위한 환경조성이 중요하다.

삶을 변화시키는 독서법

'삶을 변화시키는 독서법'이라 감히 이름하고 싶다. 나름의 읽기를 오랜 시간 해왔다. 대학 때 400권의 양서를 읽으면 인생이 바뀐다는 선배의 말에 500권의 책을 읽었다. 40세 되기 전에 1만 권 정도는 읽어야 마흔이 넘어 할 말이 있다는 스승의 말씀에 나름 열심히 읽었으나, 6천여 권을 겨우 넘겼다. 그래도 내 인생 내 한 몸 건사할 만큼은 읽은 듯하다. 흘려보내고 나눌 조각이 적은 것이 아쉽고 후회스러울 뿐이다. "사람은 책을 만들고 책은 사람을 만든다"고 했던가. 내가 읽은 책만큼도 못 사는 자신이 늘 부끄럽고 쌓여 있는 책들 앞에 서면 나 자신은 더 작아진다. 그래도 읽어야 산다는 마음으로 읽어왔고 나름의 길을 찾았다고 생각하기에 소개해본다.

첫째, 가능한 한 손 닿는 모든 곳에 책을 비치하라. 화장실에는 건강을 생각해 한 페이지씩 끊어 읽을 수 있는 시집이나 짧은 에세이집을 두라. 거실에는 소설이나 에세이를 두고 잠깐의 짬에는 자기계발서를, 조용하고 혼자 있는 시간에는 시집에 빠져들어라. 자주 들고 나가는 가방에는 기분 전환과 기대감을 높이는 취미생활에 대한 책을 넣어두라. 침실 침대 곁에는 고전을 두는 것이 좋다. 일찍 잠들기에 도움이 된다.

둘째, 무조건 읽어라. 다독이 좋은지 정독이 좋은지 따지면 책을 못 읽는다. 책을 가까이 두고 책을 손에 잡는 것을 습관으로 만들면, 다독할 책과 정독할 책은 스스로 알게 된다. 다시 보고 싶은 책은 정독이 필요한 책이요, 한 번 보고 손에 놓으면 다독의 범주에 속하는 책이다. 읽기를 실천하는 것이 읽는 방법을 가리는 것보다 우선이다.

셋째, 책의 여백에 쓰라. 주로 책의 앞쪽과 뒤쪽에 여유 페이지가 있다. 그곳에 기억하고 싶은 문장을 옮겨 적어라. 반드시 페이지 번호와 함께 적는 것이 나중에 찾아보기 좋다. 많은 문장을 기록한 책일수록 다시 볼 가능성이 높다. 책이 내 속에 들어오게 하는 좋은 방법이다. 따로 독서 노트를 마련해도 좋다.

넷째, 작가를 알고 읽으라. 책의 내용이 더 깊이 공감되게 하는 데는 작가의 삶을 이해하는 것만큼 좋은 방법이 없다. 마음에 드는 책을 만나거든 반드시 작가에 대해서도 찾아보아야 한다. 공감적 책 읽기의 가장 중요한 첫 단추와 같다.

다섯째, 머리와 가슴으로 읽어라. 머리로만 읽는 책도 있지만 진짜 오래 남을 책은 가슴까지 내려오는 책이다. 눈으로 머리로 읽고 있는 중에 가슴으로 훅 내려앉는 문장을 담은 책들이 있다. 작가를 만난 것이다. 누구기에 어떤 삶을 살았기에 이런 문장을 썼을까 궁금해지게 만드는 책이 있다. 그 시점부터 가슴으로 읽는 책이 된다.

여섯째, 평전은 읽기가 아니라 만남이어야 한다. 한 사람의 삶을 무관심하게 방관하듯 바라보는 방식으로는 평전을 끝까지 읽어낼 수 없다. 책 속으로 걸어 들어가 글자 사이를 걸어다니는 '그'를 만나야 한다. 시간과 공간을 초월해 나에게 말을 걸어오는 그와 대화하는 글 읽기여야 한다. 찐한 만남을 가진 여운이 짙게 오래 남는 읽기가 된다.

일곱 번째, 좋은 책을 읽다보면 좋은 책 고르는 안목이 생긴다. 좋은 책을 어떻게 고르느냐고 묻는 사람들이 많다. 베스트셀러는 스테디셀러가 되기까지 기다려도 늦지 않다. 반짝 하고 마는 베스트셀러가 있고 은은하게 빛나는 스테디셀러가 있다. 수천 년 동안 절판되지 않고 읽히고 또 읽히는 고전의 힘을 무시하지 마라. 내가 읽어내지 못할 뿐이지 그 안에는 무한한 지혜와 힘이 담겨 있다. 마케팅이 미는 책보다 세월이 미는 책을 읽어라. 돈도 사람도 막을 수 없는 도도히 흐르는 세월이 가장 정직하고 힘이 있다.

여덟 번째, 주머니 사정을 생각하라. 국공립 도서관은 내 돈으로 지은 곳이다. 가서 읽고 빌려서 읽고 소장하고 싶으면 사라. 읽어보지도 않았고 훑어보지도 않은 책을 인터넷으로 무조건 주문하지 마라. 서점에 정기적으로 가라. 도서관은 내 서재다.

중요한 것은 이 정도는 누구나 정리할 수 있다는 사실이다. 지금 당장 자신만의 독서원칙을 만들어라. 생각 없이 읽은 책이 가끔 충격을 주기는 하지만 오래 가지는 않는다. 생각하면서 읽는 책은 반드시 한 문장 한 단어를 남긴다. 이제 읽어라!

책 읽기도 습관이다

어린아이들에게 유익한 가장 좋은 습관이 있다면 책 읽기 습관이다. 시간이 남으면 책을 잡는 습관을 만들어주는 것이다. 부모가 함께하지 않으면 불가능한 일이다. 필자는 어릴 때 방에 장난감은 없었다. 정확하게는 장난감을 살 돈이 없었다. 희한하게도 아버지는 책을 사줄 돈은 있으셨나 보다. 방에는 책이 가득했다. 책을 이중 삼중으로 전집류를 쌓아놓고 책 더미에 빠져 책을 읽었던 기억이 있다. 중고등학교 시절에 책을 가능한 멀리했다. 대학에 와서 정신 차리고 책을 읽으려는데 책이 읽히는 것이 신기했다. 어릴 적 습관의 무서움이다. 책 읽는 습관이 없는 사람은 마음먹고 시작하려 해도 그만큼 어렵다. 세 살 버릇이 여든까지 간다는 말이 괜히 오래 회자되는 속담이 된 것이 아니다.

어려서 책을 가까이하게 하는 방법은 앞서 설명한 독서법 두 번째처럼 무조건 읽히는 것이 아니다. 첫 번째처럼 책을 가까이할 수 있는 환경을 만들어주는 것이 중요하다. 아이들 방을 장난감으로 가득 채워주는 상상만 하지 말고 책으로 가득 채워주는 상상도 해야 한다. 호기심은 장난감이나 교구에서만 생기는 것이 아니다. 책 읽기의 첫 단계는 책 듣기다. 엄마나 아빠가 스토리텔러가 되어야 한다. 어릴 때는 스스로 책 읽는 것을 너무 일찍 시작하지 마라. 사물과 사람에 대해 오히려 선입견을 가지게 될 수 있다. 예수가 백인이라고 생각하는 것처럼 말이다. 《삼국지》에 등장하는 장비가 "헐"
같은 표현을 썼다고 생각하게 되는 것처럼. 어린 시절에 엄마 아빠
의 목소리를 들으며 상상하게 만드는 독서법이 가장 좋은 책 읽기
의 시작이다. 상상력이 자극되어 책을 빼앗아 자신이 읽고 싶게 만
드는 것이 가장 훌륭한 유아 독서법이다. 초등학생까지는 호기심과
상상력을 자극하여 창의력의 소재가 되는 재료들을 많이 담는 독서
가 좋은 독서다. 분량은 호기심을 죽이지 않는 범위에서 멈추게 해
야 한다. 서당에서 학구열이 높은 아이들이 원하는 분량보다 항상
적은 분량의 공부 몫을 정해주는 데는 이유가 있다. 아이는 자기의
분량을 모른다. 밥도 음식도 분량 조절이 안 되고 자극에 지나치게
반응하는 것을 늘 고려해야 한다. 부모의 역할이 중요한 이유다. 부
모의 세심하면서도 절제된 관심이 없이는 저절로 좋은 아이가 되지
않는다.

청소년기에는 독서의 범위를 확장해야 한다. 세계문학, 한국문학
을 넘나들며 상상력의 나래를 더 활짝 펴는 것뿐 아니라 인간과 세
상에 대한 이해를 깊고 넓게 만들어야 한다. 삶의 롤모델을 찾아 떠
나는 '만남 여행'을 해야 한다. 무한한 가능성에 대한 자극이 되어
야 한다. 마크 트웨인의 《허클베리 핀의 모험》이나 《톰 소오여의
모험》이나 미겔 데 세르반테스의 《돈키호테》, 로버트 루이스 스티
븐슨의 《보물섬》 같은 책들이다. 《삼국지》와 《수호지》도 어려서부
터 성인까지 세대에 맞는 편집으로 계속 읽어주면 좋다. 청년기에

자기계발서에 빠지기 전에 읽어야만 하는 책이다. 이런 종류의 책들을 읽고 여행이나 작은 모험도 해보지 못한 아이들이 인생의 모험을 즐기거나 풍랑을 헤쳐나가는 내적 힘이나 지혜를 가질 수 없다. 책을 읽는 것이 중요한 학교의 수업 시간이 되어야 한다. 학생에게 책을 읽으라고 하고 교사는 교무실에 가서 커피나 마시며 잡담하는 독서 수업은 아무 쓸모가 없다. 시험에 나올 법한 지문만 발췌해서 읽는 것은 독서가 아니다. 살아 있는 독서법은 모든 책이 이야기로 살아서 내 안으로 들어오는 것이다.

영상도 언어다

책 읽어주는 영상이나 책의 내용을 영화화한 영화 감상도 좋은 독서가 된다. 영화에 대한 감동이 책을 읽게 만들기 때문이다. '해리 포터' 시리즈나 《반지의 제왕》 같은 두꺼운 몇 권의 책도 이들이 읽는 이유는 영화를 봤기 때문이다. '마블Marvel' 만화책이 번역 수입되어 팔리는 이유는 마블 영화를 보았기 때문이다. 영화를 보고 책을 읽어보게 되는 경우도 헤아릴 수 없이 많다. 윌리엄 폴 영의 소설 《오두막》도 영화와 함께 더 많은 사람들이 책을 읽게 되었다.

감각적인 영상 시대를 살아가는 지금 세대에게 무작정 문자적인 읽기를 강요할 수는 없다. 이들이 학습하는 언어가 문자 언어가 아니라 그래픽 언어 또는 영상 언어라면 거기서부터 시작해야 한다.

책 읽어주는 영상들이 많이 제작되는 것이 좋다. 흥미를 유발하기 위해 영상을 먼저 소개하는 것도 좋다. 〈동주〉라는 영화 역시 많은 사람에게 시인 윤동주에 대한 관심을 불러일으키고 윤동주를 더 알고 싶어 《윤동주 평전》을 읽게 만드는 계기가 되었다. 역사를 주제로 하는 예능 프로그램들이 접근하기 쉽지 않은 역사책에 손을 뻗게 만드는 역할을 했다는 것도 부정할 수 없는 사실이다. 영상이든 책이든 아무 생각 없이 보는 것에 그친다면 둘 다 아무 영양가는 없다. 영상 속의 메시지를 읽어야 하고 흐름을 읽어야 하고 등장인물의 감정과 생각을 읽어야 독서다. 많은 책을 읽어도 문자만 읽으면 문맹을 겨우 벗어난 것이다. 영상이든 문자든 문해가 되지 않으면 실질적 문맹과 다를 바 없다.

읽기는 읽기를 낳는다

이 책을 여기까지 읽으면서 본질도 알겠고 인성이 중요하고 철학이 중요하고 공부의 기초가 중요하다는 것도 알겠는데 "그래서 어떻게 하라는 거지?"라는 생각을 했다면 당신은 한국 교육을 제대로 받은 사람이다. 책 한 권에서 모든 것을 찾으려는 어리석음에 빠져 있는 것이다. 최초의 책들을 제외하고는 모든 책들은 책을 통해 만들어진다. 한 권에 여러 권의 책과 저자의 생각이 함께 담길 뿐이다. 책을 읽으며 책을 떠올리는 사람이 책을 제대로 읽는 사람이다.

한 권의 책을 제대로 읽으면 또 다른 책을 읽게 된다.

가장 좋은 조기 교육은 수동적으로 배우는 경험을 많이 하는 것이 아니다. 오히려 아이들의 창의력과 사고력에 한계를 미리 설정해주는 실수가 조기 교육에서 발생한다. 가장 좋은 조기 교육은 읽어줌으로써 읽기를 유도하는 것이다. 읽어주는 부모 아래 읽는 아이들이 자란다. 그런 의미에서 부모나 교사의 읽어주기도 아이에게는 읽기가 될 수 있다. 읽어주기가 읽기를 낳는 것이다.

읽기는 모든 공부의 기초다. 종이책도 전자책도 읽어야 한다. 읽기는 쓰기와 병행하면 더 잘 읽을 수 있다. 읽고 토론하고 다시 읽으면 더 깊이 읽을 수 있다. 읽기, 생각하기, 쓰기, 말하기로 요약되는 공부의 네 가지 기초는 서로 연결되어 모든 공부의 튼튼한 밑받침이 되어준다. 이 가운데 읽기, 쓰기, 말하기의 틈을 이어주는 역할을 하는 것이 생각하기이다. 읽으나 생각하지 않으면 쓸 수가 없고 쓰면서 생각하면 말할 것이 생겨난다. 읽기를 삶의 습관으로 반복해서 절대 지워지지 않는 새겨진 기초로 만들어라. 모든 공부의 시작이 읽기다.

2. 생각하기 이해하기, 정리하기

아무 생각 하지 말고 공부만 해

논어의 〈위정〉 편에서 공자가 "學而不思則罔 학이불사즉망 思而不 學則殆 사이불학즉태"라고 했다. "배우기만 하고 생각하지 않으면 도 리에 어둡고, 생각만 하고 배우지 않으면 위태로움에 처한다"는 뜻 이다. 지식은 습득하되 그 뜻을 깊이 생각하지 않으면 여전히 어리 석음에 머물러 있을 것이고, 생각만 하고 배우고 행하지 않으면 삶 이 위태로워 질 수도 있다는 뜻이다. 생각하는 교육이 사람 살리는 교육이다. 이른바 공부 열심히 시키는 엄마들이 자식들에게 "너는 아무 생각 하지 말고 공부만 열심히 해"라고 종종 말한다. 공자의 말에 따르면 어리석게 살고 삶이 위태로워지도록 내버려둬도 된다 는 뜻일까? 대학을 가기 위해 자기소개서를 준비하고 논술을 준비 하는 아이들을 만나보면 정말 아무 생각 없는 아이들이 많다. 자기 자신을 소개하는 글 한 페이지를 쓰는 것을 어려워하고 논술은 문 제와 모범답안을 외워서 쓸 수밖에 없다. 그나마 외울 수 있다는 사 실이 놀랍다. 생각이 없는 지식은 죽은 지식이다.

미국 캘리포니아에서 지내던 시절, 사무실 근처 자주 가는 카페 가 있었다. 자주 가다 보니 일하고 있는 직원과 이런저런 대화를 나 누게 되었다. 한국에서 온 지 3개월 밖에 되지 않은 어학원 학생이었다. 미국에 왜 왔냐고 물으니 엄마가 가라고 해서 왔다고 대답했다. 언제 돌아갈 거냐고 물으니 엄마가 오라고 하면 간다고 했다. 대학에서 뭘 전공했냐고 하니 무용을 전공했다고 한다. 무용을 계속하지 그러냐고 하니 잘 모르겠다고 한다. 꽤 좋은 학교에서 무용을 전공했는데 왜 모르겠냐고 하니 엄마가 하라고 해서 한 것이라 잘 모르겠다고 한다. 되고 싶은 것이나 하고 싶은 것이 없냐고 물으니 모르겠다고 한다. 생각해본 적이 있을 것 아니냐고 하니 한두 번 생각해보고는 그만뒀다고 한다. 이유가 뭐냐고 물으니 머리가 아파서라고 한다.

그 학생과의 대화가 나를 한국으로 오게 만들었고, 교육에 뛰어들게 한 계기가 됐다고 해도 과언이 아니다. 자기 생각 없이 엄마가 시키는 대로만 했고, 막상 자기 스스로 생각해야 할 상황이 되니 생각의 훈련이 되어 있지 않아 생각조차 하지 못하게 된 것이다. 그래도 나이가 좀더 들어 절박한 상황이 되면 자기 삶에 대해 뼈저리게 성찰하고 살아가게 되겠거니 하는 생각은 들었다. 나를 한국으로 가게 만든 그 아이는 지금 어디서 무엇을 하는지 모르겠다.

"잘 모른다" "머리 아프다" "생각하기 싫다"가 요즘 아이들에게 자기 생각을 물어보면 돌아오는 대답들이다. 청소년들과 국내외 역사탐방을 여러 해에 걸쳐 진행해왔다. 어떤 곳을 방문하고 소감을 물으면 돌아오는 대답은 "좋았어요"로 통일된다. 무엇이 좋았냐고 물어보면 "그냥 좋았어요" 한다. 그 대답이 그 아이에게는 최선의 대답일 수 있다. 무엇이 문제인가? 자기 생각을 정리하는 일에 익숙하지 않고 자기 생각을 표현하는 일에 서툴다는 뜻이다. 무엇을 느꼈는데 그것이 무엇인지 파악할 수 있는 생각의 힘이 모자라는 것이다. 생각이 정리가 되지 않으니 말도 자연스레 더듬게 된다. 아무 생각 말고 공부만 하라는 말에 착하게 순종한 아이들의 망가진 인생을 누가 어떻게 책임져야 할까?

대한민국에는 자기 아이들을 전부 영재에서 천재로, 노벨상 수상자로, 유대인처럼, 하버드 학생들처럼 키우려는 시도로 넘쳐난다. 서점가에는 전 세계의 성공한 사례는 다 모아놓은 책들이 즐비하다. 그런 책들은 100만 부도 소비된다. 그럼에도 불구하고 한국 교육은 아이들은 바뀌지 않는다. 왜일까? 결국 방법만 흉내내기 때문이다. "그렇게 해서 그렇게 되었대"라는 말만 듣고 무조건 그렇게 하는 것이다. 아무 생각 없이. 핵심은 생각이다. 그들이 그렇게 된 이유를 깊이 생각해보는 것이다. 그런 방법을 썼다는 것만 알아서는 안 된다. 그런 방법을 왜 썼으며 그런 방법이 우리 아이에게도 맞는 것일까 생각해보고 확신을 가진 사람들이 결과도 다르게 나온다. 제발 생각 좀 하자.

지혜는 철학함에서만 얻을 수 있다

고대 철학자 가운데 모두가 알 만한 사람이 있다면 "너 자신을 알라"고 말한 소크라테스일 것이다. "악법도 법이다"처럼 이런 말들을 소크라테스가 했다는 직접적인 증거는 없다. "너 자신을 알라"는 그리스 델포이 신전 기둥에 새겨진 글인데 누군가가 현자의 말일 것이라고 추측하던 중 소크라테스라고 추측했을 것이다. 소크라테스가 남긴 저작이 없다보니 그에 대한 많은 이야기들이 정확하지 않다. 그의 제자였던 플라톤과 몇몇 추종자들의 기록에 의존하여 더듬듯 퍼즐을 맞춰갈 뿐이다.

플라톤이 남긴 《소크라테스의 변명》에 나오는 '무지의 지'라는 일화가 있다. 소크라테스는 자신보다 현명한 사람을 만나기 위해 아테네의 정치가 중 최고로 현명한 사람이라 생각하는 사람을 찾아가 본질에 대한 다양한 주제로 대화를 나눴다. '미'나 '선' 등의 주제로 대화를 나눈 그들의 결론은 두 사람 모두 잘 알지 못한다는 것이었다. '지적 거인'이었던 소크라테스조차도 본질적인 것에 관해서는 제대로 아는 것이 없다고 느꼈다. 그러나 소크라테스와 대화를 나눈 정치가는 자신은 무엇인가를 알고 있다고 생각했다. 소크라테스는 그 사실로부터 인식의 차이가 있다는 것을 깨달았다. 그 후에도 소크라테스는 많은 현자를 찾아가 다양한 토론을 했고 비슷한 결론에 도달했다고 한다. 그리고 결국 그가 발견한 자기 자신에 대한 인식은, 자신은 아무것도 모르지만 적어도 그가 만났던 사람들처럼 자신이 무엇인가를 알고 있다고 생각하지는 않는다는 점에서 자신이 그들보다 더 현명하다는 결론에 이르렀다. 즉, 신은 틀리지 않았다는 것이다. 《소크라테스의 변명》에 등장하는 신이 내린 결론은, 인간 중에서 가장 현명한 자는 소크라테스처럼 자신의 지혜가 실제로는 아무런 가치도 없음을 깨달은 자라고 했다. 신이 소크라테스를 높게 평가한 것은 지식과 지혜가 풍부해서가 아니라 '나는 무지하다'라는 사실을 인식했기 때문이라는 것이다.

철학은 '지혜를 사랑함'이라는 뜻이다. 읽기가 지식의 영역이라면 생각하기는 지혜의 영역이다. 그래서 공부는 지식을 활용할 줄 아는 지혜를 갖추는 것이다. "하나를 보면 열을 알 수 있다"는 속담이 있다. 어떤 상황에서 다른 사람에게 적용할 때 자기의 정당성을 확보하는 데 써먹기 좋은 속담이다. 그러나 한 번만 더 생각해보면 하나를 보고 열을 안다는 것은 실수할 확률이 90퍼센트는 된다는 말임을 금방 알 수 있다. 만약 누군가 나 자신을 그런 기준으로 판단한다면 얼마나 어처구니없는 실수라고 생각할까. 생각의 한 영역인 자기성찰은 이 상황에서 이런 말을 하는 자신이 부끄럽게 생각되게 한다는 것이다. 어떤 상황에는 맞으나 어떤 상황에는 다를 수 있다는 것을 생각하는 것이 어려운 일일까.

유대인 자녀 교육은 생각 교육

유대인 자녀 교육의 열풍이 온 대한민국을 휩쓸고 있다. 다양한 이름과 방법론으로 현재진행형이다. '쉐마 교육' '밥상머리 교육'

'하브루타' 등 다양한 이름으로 아직도 활발하다. 이런 운동을 하는 분들을 폄하하려는 의도는 전혀 없다. 단지 생각은 해보자는 것이다. 유대인들이 성공했으면 우리도 무조건 성공하는 것일까? 유대인들의 방법이 우리 상황에도 잘 맞을까? 이미 20~30년 해왔는데 왜 우리는 그런 결과는 보지 못하는 걸까? 여러 가지 이유가 있겠지만 공부와 연관 지어 생각해보면 전부 성적 올리고 좋은 대학 가는 결과를 만들어내는 도구로 전락했기 때문이다.

유대인들이 가장 중요하게 생각하는 유대인 율법서 〈토라〉의 구절 중 하나인 "쉐마Shema"이다. 유대인을 이해하려면 〈토라〉 가운데서도 쉐마를 알아야 한다. 쉐마는 히브리어로 '듣다'라는 뜻의 동사 '샤마아'의 명령형으로, 우리말로 "들어라"라는 뜻이다. 쉐마는 〈토라〉에 속하는 성경 구약 신명기 6장 4절~9절이 히브리어로 "쉐마 이스라엘", 즉 "이스라엘아, 들으라"라는 말로 시작되는 데서 유래했다.

"이스라엘아, 들으라. 우리 하나님 여호와는 오직 유일한 여호와이시니 너는 마음을 다하고 뜻을 다하고 힘을 다하여 네 하나님 여호와를 사랑하라. 오늘 내가 네게 명하는 이 말씀을 너는 마음에 새기고 네 자녀에게 부지런히 가르치며 집에 앉았을 때에든지 길을 갈 때에든지 누워 있을 때에든지 일어날 때에든지 이 말씀을 강론할 것이며 너는 또 그것을 네 손목에 매어 기호를 삼으며 네 미간에 붙여 표로 삼고 또 네 집 문설주와 바깥문에 기록할지니라."

〈토라〉에서 명령한 대로 유대인들은 일어나자마자 쉐마를 외우고, 기도할 때마다 쉐마를 암송하며, 자기 전에 반드시 쉐마를 외우고 잠을 잔다. 유대인들의 밥상머리 교육, 침상머리 교육 등의 전인적이고 통합적인 교육 방식은 이 성경 구절에 기초해 있다. "네 자녀에게 부지런히 가르치며"라는 구절이 핵심이다. 부모가 자녀에게 가르치라고 기록하고 있다. 한국 사회에서 유대인 자녀 교육을 따라했으나 실패했다면 부모가 제대로 하지 않았을 가능성이 매우 높다. 자녀에게 〈토라〉를 가르치는 것은 학원 강사나 교회 전도사의 책임이 아니다. 유대인 문화에서 아버지가 가정에서 자녀를 가르치는 것은 자연스러운 일이다. 강론과 토론은 가르치는 방법이며 내용은 〈토라〉와 〈탈무드〉다. 주체는 부모요 가정이다. 한동안 쉐마 교육 열풍이 불었다. 요즘은 하브루타 열풍이 불고 있다. 하브루타를 가르치는 학원이 존재한다는 자체가 유대인 자녀 교육의 가장 본질을 놓치고 있다는 뜻이다. 그 학원은 부모가 다녀야 한다.

유대인이 아이비리그 명문대의 30퍼센트를 차지하고, 노벨상 수상자의 30퍼센트를 차지하기 때문에 우리도 그렇게 하면 그런 결과가 나올 것이라고 생각할 수 있다. 하지만 유대인 자녀 교육과는 아무런 관계가 없다. 유대인들의 전통적 학습법이라는 하브루타도 마찬가지다. 하브루타havruta,חברותא는 '우정' '동료' 등을 뜻하는 말이다. 하브루타라는 교육 자체가 교사가 학생을 가르치는 방법론에 적용되어서는 안 된다. 동료끼리 자기가 생각하는 것을 상대에게 이야기하고 상대의 이야기를 듣고 질문하면서 생각이 발전해가는 상호학습의 원리가 담겨 있다. 대상이 누구든지 동료로 생각하고 일방적인 가르침이 아닌 우정을 바탕으로 하는 질문과 논쟁을 통해 함께 길을 찾아나가는 것이다. 다양한 시각이 반영될 수 있고, 한 사람의 생각의 한계를 뛰어넘을 수 있는 장점이 있다.

유대인들에 대한 통계 가운데서도 한국에 소개되는 통계는 온통 아이비리그의 몇 퍼센트, 미국의 법조계, 의료계, 학계의 몇 퍼센트를 차지한다는 이야기다. 유대인들의 지능이 세계 45위 정도라는 이야기, 국제학업성취도 평가방식인 PISA Programme for International Student Assessment 에서 이스라엘이 읽기, 수학과 과학 등에서 20위, 30위권에 머문다는 사실은 잘 이야기하지 않는다. 한국 아이들은 같은 과목에서 1~2위를 다툰다. 문제는 대학에서부터 학습능력이 우리 기준으로 보면 무엇인가 잘못되었는데 이유를 깊이 생각하지 않는다. 잘못되어도 크게 잘못되었다. 대학 공부에서부터 역전 현상이 나타나는 것이다. 공식에 어긋나는 결과가 나왔는데도 문제의식은 없다. 무조건 더 열심히 더 많은 돈을 들이면 더 좋은 선생님을 통해 더 좋은 결과를 가져올 것이라는 착각에서 헤어 나오지 못한다. 부모들 말이다. 아이들이 무슨 죄가 있나. 부모가 생각하면서 대화만 잘해줬어도 되는 일이다.

생각하지 않는 부모가 가정에서만 가능한 일을 학원과 학교에 기대한다. 돈은 얼마가 들어도 좋으니 누군가처럼 될 수만 있기를 바란다. 가장 근본적인 원인은 자기에게 있음을 생각하지 못한다. 생각 없는 부모가 생각 없는 아이를 만든다. 생각 없는 교육이 생각 없는 학생을 만든다. 생각 없는 방법이 생각 없는 결과를 만든다. 아이들 학원 보내는 비용의 절반이라도 부모가 공부하는 데 투자해야 한다. 부모가 생각하고 질문하고 토론하며 가정에서 하는 하브루타 교육은 교육의 본질적 목적인 인성과 실력의 두 마리 토끼를 다 잡게 해준다. 모든 공부를 가능하게 해주는 기초도 견고하게 자리 잡을 뿐 아니라, 탁월하고 존경받는 삶의 기초인 인성까지도 보증해주는 교육이 '생각 교육'이다. 유대인 교육은 생각 교육이다.

생각하는 백성이라야 산다

읽기와 관련하여 한국은 문맹률이 높은 나라는 아니다. 하지만 인터넷 댓글들을 보면 문해율이 떨어지는 것이 너무나 분명하다. 본 글과 상관없이 자기 할 말만 계속 쏟아놓는 사람들이 대부분이다. 문해력은 읽기만이 아닌 생각하기와도 연관이 있다. 제대로 읽었는가는 무엇을 생각하는가로 연결된다. 제대로 읽었다면 제대로 생각하고 제대로 쓰고 말할 수 있다. 읽기, 생각하기, 쓰기, 말하기는 정해진 순서가 아니다. 생각한 것을 쓰는 것이고 그렇게 쓰인 것을 읽을 수도 있다. 말하다 새로운 생각이 떠오르고 그것을 글로 기록하고 그 글을 누군가 읽는다. 결국 중요한 것은 자유롭게 넘나드는 사고의 유연성이다. 고수들은 기본기에 충실하나 기본기에 갇히 거나 머물지 않는다.

함석헌 선생의 "생각하는 백성이라야 산다"는 글이 있다. 식민 지에서 해방되고 몇 년 되지 않아 한국전쟁의 소용돌이에 휩말려 국토가 초토화된 가난한 대한민국의 현실이었다. 함 선생은 우리나 라에 백 가지 폐가 가난에 있다고 말하면서도 가난 중에 가장 심각 한 가난은 '생각의 가난'이라고 했다. 물자가 없어 가난한 것은 큰 문제가 아니라고 했다. 중국처럼 넓은 평원과 미국처럼 많은 자원 을 우리가 가졌다면 물자의 가난은 문제가 안 되지만, 생각의 가난 은 극복하기 어려운 문제라고 했다. 그로부터 70년이 지난 지금을 보라. 물자의 가난이 해결된 나라지만 생각의 가난은 해결하지 못 했고 여전히 사상의 빈곤이 온 나라와 개인의 발목을 잡고 있다. 함 선생은 《뜻으로 본 한국 역사》라는 책을 통해 끊임없이 나에 대해, 너에 대해, 나라에 대해, 사상에 대해 그리고 역사에 대해 생각하게 만드는 글을 썼다.

세뇌란 생각을 마비시키는 행위다. 자율적 사고를 차단하고 획일 화되고 주입된 사고로 굳어지게 만드는 것이다. 비판적 사고 없이 무조건적인 신봉을 당연시하는 것이다. 종교집단이 가장 이 위험 에 많이 노출되어 있다. 다른 생각을 차단하고 한 가지 생각에만 사 고를 고정시키는 것이다. 중세의 르네상스 종교개혁은 왜곡된 종교 적 세뇌로부터의 탈출 현상이라고 말할 수 있다. 함 선생은 "혁명

Revolution은 생각하는 진화Evolution"라고 했다. 자연발생적으로만 일어나는 변화도 있으나 생각하고 일으키는 변화가 더 무섭다는 뜻이다. 진화는 시대에 순응하며 환경에 적응하며 이루어지지만 혁명은 시대를 거스르며 환경을 바꾸는 힘이다. 생각의 힘이다.

유대인 교육 방법도 중요하고 해외 유학도 필요하지만, 우리 안에서 형성되는 나의 생각이 중요하다. 우리가 가진 생각의 유산이 기초요 내 생각이 기둥과 같다. 역사가 중요한 이유다. 우리가 어떤 민족이냐는 구호를 내걸고 사업을 성공시킨 기업이 있지만 늘 물어야 하는 질문이다. 단재 신채호의 표현처럼 '나'는 '큰 나'인 우리 안에 존재하기에 우리의 정체성이 나의 정체성과 깊이 연관되어 있다. 내가 허공에 떠도는 먼지 같은 존재가 아니라, 깊고 유구한 역사의 터에 뿌리 내리고 서 있는 존재라는 것을 인식하는 것이 이른바 정체성의 자각이며 깨달음이다. 내가 어떤 기초 위에 서 있는지 깊이 성찰함에서 생성되는 것이 생각이며 사상이다.

프랑스 학교의 철학교육과 시험

우리나라 학생들은 고3이 되어서도 자기소개서 한 장을 스스로 쓰지 못하는 아이들이 많다는 이야기가 들린다. 이와 비교해서 자주 등장하는 이야기가 프랑스 고등학생들의 졸업시험인 '바칼로레아Baccalaureate'이다. 바칼로레아는 1808년 프랑스 나폴레옹 시대에 시작되었다. 매년 6월에 치러지는 이 시험을 통과해야 대학에 갈 수 있기 때문에 고등학교 졸업시험인 동시에 대학입학시험이다. 프랑스어, 외국어, 역사지리, 수학, 철학은 공통필수 과목이다. 외국어는 필기와 회화시험을 보고, 수학은 주관식이며, 나머지 과목은 논술식으로 치러진다. 논술의 비중이 커서 채점자의 역할이 중요하다. 철학이 필수 과목이라는 점이 눈길을 끈다. 고등학생이 철학을 논술로 쓰면 어떤 수준일까 궁금하다.

프랑스에서는 매년 바칼로레아에 출제되는 철학 문제가 국민적 관심사라 한다. 역대 기출문제 중에는 "스스로 의식하지 못하는 행복이 가능한가?" "참을 수 없는 것은 참아야 하는가?" "욕망은 우리의 불완전함에 대한 표시인가?" "진리는 인간을 구속하는가 아니면 자유롭게 하는가?" 등이 있다. 철학사에 등장하는 사람 이름 또는 주장한 학설이나 사건 연도 등을 외워서 쓸 수 있는 문제가 아니다. 바칼로레아를 좋은 성적으로 합격하면 사실상 어느 대학이든 갈 수 있다.

정답을 외워 문제를 풀면 되는 우리나라의 수능시험과는 다르게, 논술 시험이기 때문에 정답보다는 응시자의 독서 분량, 논리력과 사고력 등이 중요하게 작용한다. 이 시험이 우리나라의 수능과 근본적으로 다른 차이는 대학입학 시험이 아니라는 것이다. 졸업시험이자 입학시험의 역할을 하지만 대학진학률이 40%가 안 되는 프랑스의 현실이지만 모든 학생들이 이 시험을 치러야 한다. 어떤 전공을 하든지 관계없고, 대학 진학을 하는지 여부와 관계없이 철학 시험은 누구나 통과해야 하는 것이다.

최근 제주도와 대구를 포함한 10여 개 지역 교육청에서 국제 바칼로레아International Baccalaureate, IB 도입을 추진하거나 검토하고 있다고 한다. 당연히 아니겠지만, 프랑스 바칼로레아와 헷갈린 것은 아니리라 본다. 특정 언론조차 프랑스 논술 바칼로레아를 도입하려 한다고 비판하는 기사를 내보낸 적 있지만, 국내 교육청 가운데 프랑스 바칼로레아를 도입하려는 곳은 한 군데도 없다. 국내 몇 곳의 교육청들이 도입하려는 바칼로레아는 국제 바칼로레아이다. 인성과 실력의 균형 잡인 교육 과정으로 평가되고 있으며 특징은 단답형보다 서술형 평가가 큰 비중을 차지한다는 것이다.

우리나라에서도 2015년 개정된 고등학교 교육 과정에서 인성과 실력의 균형을 잡기 위해 상당히 많은 노력을 하였음을 볼 수 있다. 현행 교육 과정에서 추구하던 창의적이고 자주적이며 교양 있고 더불어 사는 사람의 바탕 위에 창조경제 사회가 요구하는 핵심역량을 갖춘 창의융합형 인재를 양성하는 데 초점이 있다. 이를 구현하기 위해 갖추어야 할 핵심역량으로 자기관리 역량, 지식정보처리 역량, 창의적 사고 역량, 심미적 감성 역량, 의사소통 역량, 공동체 역량을 제시하였다. 이를 위해 인문학적 소양을 키우는 교육을 문과 이과 구분 없이 강화하는 공통과목을 도입하고 통합적 사고를 키우기 위한 통합사회와 통합과학 과목을 신설하였다고 한다.

이러한 노력에도 불구하고 우리나라 대표 명문대학의 사례들을 보면 결국 평가자가 누구냐에 따라 인문학적 사고력을 요구하는 교육을 하고도 시험은 단답형으로 치르는 경우가 많다고 한다. 가르치는 이가 생각하지 않는데 배우는 이들이 생각하게 하는 교육을 하는 것은 불가능하다. 생각이 없으면 인간은 주체적인 존재가 될 수 없다. 생각이 없으면 역사의 진보도 없다. 순응하는 인간이 아니라 생각하는 인간이 시대를 이끈다. 생각하는 아이들의 반짝이는 눈빛이 사라져가는 대한민국은 희망이 없다.

이미 우리 선조들이 했던 공부

한학을 공부했거나 공부에 조금만 깊은 관심이 있는 사람들은 "문리가 트인다"는 표현을 안다. 이 표현을 모르면서 가르치는 자리에 있다면 조금은 반성해야 할 필요도 있다. 깊이 있는 공부보다는 공부의 기술을 가르치는 일에 급급한 정도에 머물고 있을 가능성이 높다. 옛 성현들은 문리가 트여야 깊은 공부가 가능해진다고 보았고, 지금도 제대로 공부를 하기 위해서는 마찬가지다. 한때 문리과대학이 각 대학마다 있었다. 지금은 거의 사라져 아쉬움이 많다. 우리나라 각 대학에서 문과와 이과를 통틀어 공통적으로 공부해야 하는 학문들을 모은 최초의 융합 학문을 가르치던 곳이었다. 문리과대학이 단과대학과 학부로 세분화되면서 문리과대학은 자취를 거의 감추게 되었다. 그러다 인문계열의 단과대학과 학과들이 취업경쟁에서 밀려나면서 이제는 인문교육을 포기했나 라는 우려도 든다. '교양학부'라는 이름으로는 모자라는 표현이다.

앞서 설명했듯이 세계 명문대학들은 문리 교육을 포기한 적이 없다. 문리과대학 또는 인문대학 영역에 속하는 학과들이 취업에 불리한 상황은 전 세계적인 추세이다. 하지만 전공과 관계 없이 문리를 공부하는 일을 세계 유수의 대학들이 포기하지 않았다는 사실에 주목해야 한다. 문리가 트이지 않으면 어떤 공부도 한계가 있다고 보았다. 지금은 오히려 생존의 기로에 선 단과대학들을 통합해 문리대학을 하자고 하여도 교수들이 반대하는 곳이 많다고 한다. 융합 학문을 가르쳐야 하는 시대에 반하는 밥그릇 지키기는 아닌가 하여 안타깝다. 그러다 결국 모두가 망하게 될지도 모른다.

우리 선조들의 지혜를 우습게 보면 안 된다. 무엇이든 해외에서 잘되는 것만 배우려는 모습도 안타깝고 안쓰럽다. 학자나 정치인들도 외국 어느 나라에서 해서 잘되었다면 무조건 인용하고 그걸 배우러 연수를 간다며 엄청난 비용을 쓴다. 좋은 것을 배우겠다는 생각과 실천은 나쁠 것은 없다. 그러나 우리 안에 있는 좋은 전통은 자세히 살펴보지 않는 것이 아쉽다. 오히려 우리 것의 좋은 전통과 방법론을 발전시켜서 해외에 나누는 노력이 더 중요하다. 선진국인 대한민국이 아직도 선진국 운운하며 교육 사대주의에 빠진 듯한 모습은 교육자의 한 사람으로서 속상한 일이다.

역사 관련 책들을 쓰며 깊이 공부하지 않았을 때에는 우리 전통의 약점이 잘 보였고, 비판하기가 자랑할 것을 찾기보다 더 쉬웠다. 그러나 더 깊이 들어가면 들어갈수록 우리 역사와 전통, 문화 안에는 세계 어디에 내놓아도 부끄럽지 않을 엄청난 유산이 숨어 있는 것을 발견하고 놀라게 되었다. 과거시험과 관련하여 졸저 《만남》과 《백비》에 소개된 내용도 그리 긍정적이지 않다. 백범 김구와 월남 이상재가 과거를 포기하게 된 이유도 매관매직과 입시부정 같은 당시의 관행 때문이었다. 그러나 우리 민족의 과거가 항상 그런 수준이었거나 본질이 그렇지는 않았다. 조선시대 과거시험에 출제된 문제들은 프랑스의 바칼로레아를 능가하는 수준의 통합적 사고를 요구하는 문제들이었다. 공자나 맹자가 한 몇 마디 말을 외워서 쓰는 수준이 아니었다.

세종 때는 신분제가 당연하던 세상에서 "노비 또한 하늘이 내린 백성인데 그처럼 대대로 천한 일을 해서 되겠는가?"라는 문제가 주어졌다. 숙종은 "요즘 일본인들이 울릉도 주변 우리 백성들의 어로 활동을 금지해 달라고 요청했다. 우리 견해를 설명해도 이들은 들을 생각이 없다. 변방을 편안히 하고 나라를 안정시킬 방도를 강구해 자세히 나타내도록 하라"는 문제를 제출했는데 지금 시대와 동일한 고민이 그때에도 있었다. 명종은 "교육이 가야 할 길은 무엇인가?"라는 문제를 냈다. 지금도 여전히 답을 제대로 못하고 있는 질문이다.

단순 암기식 공부로는 도무지 답을 할 수 없는 문제들이 대부분이었다. 고전을 두루 읽고 기억하고 있어야 했을 뿐 아니라, 현재일어나고 있는 국가의 주요한 관심사를 파악하는 것도 시험 준비에도움이 되었다. 과거시험을 보기 위해 한양에 온 선비들 가운데 도성을 다니며 사람들의 민심을 파악하는 일을 중요하게 생각하는 사람들도 있었다고 한다. 고전에 대한 깊은 이해와 정확한 현실 파악, 그리고 그에 대한 대안 제시 등이 가능해야 했다. 논술 시험도 같은학원에서 과외를 받아 비슷한 답을 써내는 우리 시대 시험이 얼마나 수준 떨어지는 부끄러운 일인지 알아야 한다.

성독聲讀과 낭독이 주를 이루는 서당 공부는, 문장의 뜻을 생각하고 스승과 대화하고 토론하며 문리가 트일 때까지 읽었다. 성독은선생이 한 글자 한 글자 음과 뜻을 일러주고 문장을 어느 정도 이해하고 난 후에 소리 내어 읽는 것이다. 주로 훈장이 먼저 읽으면 음을 따라 읽다가 자기만의 속도와 고저를 찾아가는 읽기 방법이다. 훈장이 일러준 문장을 혼자 천천히 소리 내어 읽으면서 의미를 새기게 되면, 그 문장 자체가 완전히 나의 것이 되는 과정이다. 읽기를 통해 생각하기까지 이르는 읽기가 성독이다. 글 읽는 소리만 듣고도 뜻을 생각하며 읽는지 그저 음만 내고 있는지를 스승들은 알아챘다. 발성도 중요하고 뜻에 따라 실리는 감정 표현도 중요했다. 소리 없이 읽는 묵독도 중요했지만, 특히 초기 단계의 공부에서 성독과 낭독은 중요한 역할을 차지했다. 한두 번 읽고 마는 것이 아니라 수십 번에서 백 번을 넘게 읽는 일이 보통이었다. 간도의 대통령이자 개척자였던 규암 김약연은 〈맹자〉를 1만 독하여 외우고 다녔다고 한다.

　대안을 찾아도 너무 멀리서만 찾지 말자. 우리 서당의 좋은 전통에서도 얼마든지 지금 시대 한국 교육의 해법을 찾을 수 있다. 뜻을 찾는 읽기의 훈련으로서 성독과 낭독을 도입하여 생각하기로 연결되게 하여야 한다. 정리된 생각을 쓰는 시간을 넉넉히 배려하며 자유롭게 토론하고 말하는 방식의 공부가 모든 학교의 기초가 되어야 한다. 쓰기와 말하기는 읽기와 생각하기를 어떻게 하느냐에 따라 결정된다. 읽기와 생각하기가 들숨이라면 쓰기와 말하기는 날숨과 같다. 양쪽이 원활하게 잘되어야 사람을 살리는 공부가 된다. 우리 시대의 많은 공부가 아이들의 영혼을 건조하게 만들고 죽음으로 몰아가는 공부가 되어 있다. 공부하면서 숨쉴 수 있다면 희망이 있다. 숨도 못 쉴 정도로 답답한 공부는 이제 과감하게 버려야 한다. 죽이는 공부는 쓸모없는 공부다. 쓸모 있는 공부는 살리는 공부다.

3. 쓰기 그리기, 찍기

논리와 문리

쓰기는 어렵다. 그럼에도 불구하고 써야 한다. 역사는 승자의 기록이라는 말이 있지만 승자도 기록하지 않으면 영원히 승자일 수 없다. 쓴다는 것은 남긴다는 것이다. 요즘 '뇌 새김'이라는 단어가 공부 세계에서 유행이다. 거짓말이라고까지 하고 싶지는 않지만, 뇌 새김도 가능하려면 쓰기를 병행해야 한다. 암기만으로는 안 된다. 생각과 암기만으로 모든 것이 가능했다면 굳이 '씽크와이즈Thinkwise'같이 생각을 정리하는 소프트웨어가 발달했겠는가. 책을 많이 읽고 생각을 많이 해도 정리하지 않으면 시간이 지나면서 먼지처럼 흩어지고 만다. 띄엄띄엄 남아 있을 수는 있다. 그래서 써야 한다. 트리비움으로 말하자면 '문법'의 단계를 넘어 '논리'의 단계를 지나가는 것이다. 읽기를 통해 얻게 된 생각의 파편들이 체계를 갖추는 단계가 논리이다.

말주변이 없는 사람들에게 글쓰기는 꼭 필요한 훈련이다. 말을 아무리 앵무새처럼 반복해서 잘하도록 훈련시켜도 상황이 바뀌면 또 다시 말문이 막히고 만다. 읽기와 생각하기 그리고 쓰기의 훈련을 병행해야 말하기도 향상된다. 쓰기는 읽기, 생각하기와 말하기를 서로 이어주는 가교와 같다. 거기에 논리가 작용한다. 문리가 이해의 문이 열리는 것이라면 논리는 이해가 완결되는 과정이다. 읽고 듣는 것들을 생각을 통해 의도와 뜻을 파악하고 어떻게 받아들이며 무엇이라 대답할 것인지 구성해가는 과정이 논리의 과정이다. 문리가 트이지 않으면 논리도 구성되지 않는다. 서당에서 훈장님이 읽은 글의 뜻풀이를 시키는 이유이며 학동의 생각을 물어보는 이유이기도 하다.

문리가 트이지 않으면 아직 쓸 준비가 되지 않았다는 생각이 들어 글쓰기를 망설이게 된다. 습작노트에 내키는 대로 끄적여보는 단계를 이야기하는 것이 아니다. 끄적이는 단계에서는 아직 주제도 명확하지 않고 글의 방향도 오락가락할 수 있다. 읽기와 쓰기를 동시에 하는 훈련의 중요성은 문리가 트이는 데에 읽기와 생각하기만 영향을 미치는 것이 아니기 때문이다. 생각나는 대로 끄적이다보면, 주제가 드러나기도 하고 논리의 체계가 형성되기도 한다. 쓰기를 강조하는 모든 사람들의 공통점 가운데 하나가 매일 일기 쓰기인 것을 보아도 꾸준히 쓰는 것의 중요성을 알 수 있다.

다산의 제자 황상은 배우는 것이 더디고 깨닫는 것도 더디고 글쓰는 것도 느려 공부를 포기하려 했으나, 세 가지 문제 모두 부지런하면 된다는 스승의 격려를 받고 매일 글을 베껴 쓰는 초서를 게을리하지 않았다. 다산의 형 정약전이 보낸 편지에도 월출산 아래 농사 짓는 농부에게서 이 같은 문장이 나오리라 생각하지 못했다고 했다. 추사도 자신의 집에 드나드는 사람들 가운데 글로는 황상을 따를 자가 없다고 극찬했다. 부지런히 쓰는 사람을 못 당한다. 읽으며 정리되지 않던 생각이 쓰면서 정리되기도 한다. 쓰면서 뜻이 명확해지며 머릿속에서만 맴돌던 생각의 물꼬가 터지기도 한다. 읽기, 생각하기와 쓰기는 융합이 되어야 효과가 극대화된다. 읽지 않는 자가 쓸 수 없고, 생각하지 않는 자가 쓸 수 없다. 기초를 견고히 하는 재료는 한 가지라도 빠지면 안 된다.

문리가 트이면 생각의 줄기가 잡히고 글쓰기의 주제와 방향성을 잡는 일이 쉬워진다. 읽으며 깨우치는 읽기의 재미에 푹 빠지게 된다. 그 단계에 이르기까지 부모와 선생의 도움이 필요할 뿐이다. 읽기가 읽기를 낳는다고 해서 억지로 앉혀놓고 읽혀서는 안 된다. 아이들은 즐겁게 배울 때 효과가 극대화된다. 독서가 즐거운 경험이 되게 해야 하고 생각하는 것이 즐거운 상상의 시간이 되게 해야 한다. 즐거운 읽기와 즐거운 상상이 어찌 행복한 글쓰기를 낳지 않겠는가? 어린아이들은 재미있게 들었던 이야기들을 스스로가 그림으로 그리기도 하고 가족과 함께했던 행복한 시간을 만화처럼 그려내기도 한다. 즐거움으로 하는 공부의 단계에 들어가기까지 끊임없는 격려와 적절한 자극이 필요할 뿐이다.

인공지능은 검색하지만 인간은 사색한다

재능이 있어도 끊임없는 연습을 통해 다듬어가지 않으면 아무 소용없듯 많은 읽기와 넘치는 생각도 쓰기를 통해 표현되지 않으면 안개처럼 사라지고 만다. 전자책이 등장하고 영상 매체가 일상화되면서 활자의 죽음까지도 예고되고 있다. 흔히 지금 시대를 "사색보다 검색의 시대"라고 말한다. 검색에 있어 가장 중요한 것이 쓰기다. 어떤 키워드를 입력하느냐에 따라 검색되는 정보의 정확도가 결정되기 때문이다. 키워드를 떠올리는 과정이 사색의 과정이다. 그러하기에 사색력이 떨어지는 사람은 검색력도 떨어질 수밖에 없다. 어떤 정보를 어디에서 어떤 키워드를 통해 검색할 것인지 사색하지 못하기 때문이다. 찾은 정보를 자기의 글로 풀어나가는 쓰기가 그 정보의 유용성을 높여준다.

최근 특이한 SNS가 등장했는데 글로 쓰거나 화상대화를 하는 것이 아닌, 음성으로만 대화하는 '클럽하우스Club House'라는 서비스다. 초대받은 사람들만 가입할 수 있다는 점에서 사람들의 호기심을 더 증폭시키고 있다. 수많은 대화를 나누고 자극을 받아도 어디에 저장되거나 기록으로 남지 않는다. '페이스북'은 글자 중심, '인스타그램'은 사진 중심, '틱톡'은 아주 짧은 영상 중심, '유튜브'는 길고 짧은 영상 중심이었다면 클럽하우스는 음성으로 소통한다. 많은 이야기꾼들이 등장할 것으로 예상된다. 그러나 결국 기록으로 남지 않는 아쉬움이 있기에 다른 SNS와 병행해 사용할 수밖에 없다. 지금도 클럽하우스에서 대화를 나누고 페이스북에 대화한 내용을 요약해서 소개하는 사람들이 많다. 클럽하우스에서 대화하며 핸

드폰 녹음 기능을 켜놓는 사람도 있다고 한다.

읽기, 생각하기, 쓰기 등의 기초가 중요한 이유는 세상이 어떻게 달라져도 통하는 공부의 기본기이기 때문이다. 이 기본기는 손으로 쓰지 않고 말로 하면 글로 써지는 세상이 이미 왔어도 마찬가지다. 읽지 않고 생각하지 않는데 인공지능이라고 내 생각을 대변해 줄 리 없다. 생각만 해도 그려지고 써지는 세상이 와도 생각은 해야 한다. 4차 산업혁명으로 인공지능이 인간을 대체하게 될 우려가 커지고 있다. 인공지능이 인간의 지능을 넘어서는 시점, 즉 초인공지능의 출현을 뜻하는 특이점 Singularity 을 우려하는 세상이다. 그럴수록 모든 전문가들이 강조하는 것은 인간만이 할 수 있는 고유의 기능에 집중하는 것이다. 인간은 인간의 역할에 기계는 기계의 역할에 충실하면 함께 살아갈 길이 있다. 기계를 인간처럼 인간을 기계처럼 만들려는 세상이 무서운 세상이다.

글쓰기는 자기표현

인간은 표현하고 싶어 한다. 자신의 생각과 감정을 표현하려는 욕구는 누구에게나 있다. 다양한 SNS가 제공하는 서비스는 자신이 편한 방식으로 표현하도록 도움을 준다. 그래서 쓰기에는 그리기와 사진이나 영상 찍기도 포함된다. 사진과 영상의 완성도를 높이는 일에도 쓰기는 필수다. 사진이나 영상이 지향하는 바를 한 문장 또는 단어로 만드는 사람이 카피라이터Copywriter 다. 한 단어, 한 문장으로 영상과 사진이 전달하고자 하는 메시지를 전달하는 글쓰기이다. 읽기와 생각하기와 쓰기가 융합된 창작이다. 자신의 생각과 견해를 전달하는 가장 효과적이고 좋은 수단이 글쓰기이다. 만나서 말로 해야 하는 이야기가 분명히 있지만, 어떤 일은 정교하게 잘 다듬어지고 마음의 진정성이 담긴 편지가 큰 역할을 할 수 있다. 글쓰기를 통한 자기표현은 심리적 정서적 안정과 치유에도 도움이 된다.

아이들의 감정과 생각을 엿보는 좋은 통로가 아이들의 일기장을 엿보는 것이다. 물론 그러다 걸리면 다시는 건너기 힘든 불신의 벽이 부모 자식 간에 쌓일 수 있다. 그러나 그 유혹을 쉽게 떨쳐버리기 힘들다. 얼마 전에 있었던 가족 안의 갈등에 대해 아이가 어떻게 생각하는지 차마 말로는 물어볼 수가 없으니, 아이의 생각을 엿보고 싶은 것이다. 누구를 좋아하는지 어떤 일로 마음이 상했었는지 엄마 아빠에게 느끼는 진심은 무엇인지 아이들의 일기장에는 잘 나타나 있다. 문제는 일기를 쓰는 아이들이 별로 없다는 것이다. 엿볼 일기장이 없는 부모들의 아쉬움도 크겠지만 정작 자신의 감정과 마음을 표현할 창구가 없는 아이들의 답답함은 어찌할 것인가? SNS나 메신저로는 한계가 있다. 혹시 누가 아는 사람이 보고 전달할까 걱정되고 짧게 주고받는 메신저로도 감정 표현이나 마음 전달에는 한계가 있다. 오히려 오해를 사게 되는 경우도 많다. 차분히 앉아 하루를 돌아보고 생각을 정리하여 글로 써나가면서 반성도 스스로

뿌듯함도 차분함도 경험하게 된다.

독서처럼 글쓰기도 습관이다. 어려서부터 꾸준히 쓰는 일을 격려해주어야 한다. 문제 풀이와 영어단어 암기가 중요한 것이 아니다. 철학적이며 논리적 사고가 발달한 아이들은 수학도 어려워하지 않는다. 단지 '생장점'이 터지는 시기가 다를 뿐이다. 꾸준히 쓰는 아이들이 정서적으로 더 건강하고 성숙하다. 어깨동무학교 청소년들은 한 학기에 평균 40~50페이지 이상의 글을 쓰도록 장려하고 있다. 내가 직접 진행하는 수업에서만 매주 3~5장의 글을 써야 한다. 한 학기면 꽤 많은 분량이다. 글의 내용 맞춤법 자기 생각 등이 담겨 있는지 계속 확인해서 알려주어 다음 글쓰기에 반영되도록 한다. 글쓰기를 태생적으로 좋아하는 아이는 드물다. 지금 작가를 직업으로 하는 사람들도 어려서부터 글쓰기를 좋아한 사람은 많지 않을 것이다. 글쓰기는 훈련이며 습관이다. 그래서 글은 손이나 머리가 쓰는 게 아니라 엉덩이가 쓴다는 말도 있는 것이다.

청소년 문제가 심각하다. 구조적으로 입시문제와 교육문제, 사회문제를 다 해결한다는 것은 시간이 필요하고 엄청난 재정과 구조 조정이 필요한 일이다. 작은 일에서부터 큰 변화를 이끌어낼 수 있는 방법이 있다면 학교 교육 과정에 자유로운 글쓰기를 강화하는 일이다. 어려서부터 자신의 생각과 감정을 자유롭게 글로 표현하게 하고 그 감정을 존중하고 그 비밀을 지켜주는 교사와 부모 관계라면 가정과 학교에서 인성과 실력을 겸비한 아이들을 키워내는 좋은 바탕이 될 수 있다.

대학 공부와 직장 생활의 기본

글쓰기는 개인의 내면을 다독이는 측면에서도 좋은 통로가 되지만, 입시 이후 대학 공부와 대학원 이상의 학위 공부에 필수요소다. 우리나라 대학 과정에서 잘 가르치지 않는 과목이 글쓰기 과목이다. 세계 유수의 대학들은 이공계 대학들도 글쓰기는 기본으로 가르친다. 우리는 석사과정에 논문작성법 정도 수준으로 글쓰기가 한정되어 있다. 어쩌면 좋은 논문이 많이 나오지 않는 이유가 여기에 있을지도 모른다. 한두 학기 글쓰기 반짝 배워 탁월한 논문이 나올 리가 없기 때문이다. 어떤 의미에서 진짜 공부는 대학부터인데 우리 아이들은 대학 전까지 그렇게 열심히 할 수가 없을 정도로 열심히 수능시험만을 위해 공부하고 대학 와서도 진짜 공부를 할 기회는 별로 없다는 것이다.

《하버드 수재 1600명의 공부법》의 저자 리처드 라이트Richard Wright가 자신의 수업에 참여한 졸업반 학생 60명에게 대학에서 공부했던 과목 중 가장 큰 영향을 준 과목이 무엇인지 물었다. 전혀 예상하지 못했던 대답을 들었는데, 자신들에게 가장 큰 영향을 준 과목은 글로 써내야 하는 리포트가 있는 과목이었다는 것이다. 학생들의 대답이 의미하는 바는 무엇일까? 글을 쓰는 시간이 결코 즐겁지만은 않았을 것이다. 하지만 글을 쓰는 과정에서 자신의 생각을 체계적으로 정리하고, 교과서의 내용과 교수의 강의뿐만 아니라 자신만의 견해를 독창적으로 제시하는 과정을 통해 자신이 성장했다고 느꼈기 때문일 것이다.

사회에서도 글쓰기 능력은 무척 중요하다. 보고서를 작성하는 일이나 비즈니스 이메일을 주고받는 과정에서 글쓰기는 무엇보다 중요한 필수 능력이다. 글을 읽게 될 상대방의 의중을 파악하고 내가 원하는 바도 이끌어낼 수 있는 글쓰기의 기술이 필수적이다. 계약서를 작성할 때 단어 하나 문구 하나가 계약의 성공과 실패를 결정지을 수 있다. 회의 자료를 미리 작성하는 일과 회의 내용을 정리하여 공유하는 일도 글쓰기 능력과 연관되어 있다. 장황하게 늘어놓는 대표나 윗사람의 말을 간결하고 핵심만 간추려 정리하는 능력도 글쓰기 능력이다. 신사업 계획을 발표하는 자리에서도 말을 얼마나 조리 있게 잘할 수 있는가는 해야 할 말을 얼마나 잘 요약하고 정리해서 썼느냐에 달려 있다. 파워포인트에 모든 내용을 담을 수 없기에 핵심을 파악하고 요약하고 전달력 있는 문구나 문장을 써내는 일은 필수적이다.

초 · 중 · 고등학교에서 제대로 글쓰기를 해보지 않았던 사람들이 대학교에 와서 최소 몇 장에서 몇십 장에 이르는 과제를 해내는 것은 어려운 일이다. 석사나 박사 학위 논문은 최소 백 수십 장에서 몇백 장 분량의 연구 자료를 담아야 한다. 자기소개서 한 장 쓰는 일이 어려운 학생들이 몇백 장 분량의 글을 쓰려고 하니 독창적이고 깊은 연구보다는 짜깁기를 통한 표절이라는 방법을 쓰게 되는 것이다. 대학에서 자기가 제출한 리포트를 돈을 받고 판매하는 사이트가 성행하는 나라도 드물 것이다. 성공적인 대학 생활과 사회생활을 기대한다면 쓰기를 시작해야 한다. 적자생존이라는 말을 "적어야 살아남는다"는 뜻으로 해석하는 농담이 진담일 수 있다. 써야만 산다.

펜은 칼보다 강하다

표현이 지나치거나 과격하게 다가올 수 있지만, 우리나라 교육과정을 살펴보면 아직까지도 어이 없을 정도로 일제에 충성하는 황국신민으로 만들려는 식민지 우민화 교육의 그늘에 가려져 있다. 아직도 전체주의적 사고로 국가에 맹목적으로 충성하는 개성과 자율성이 철저하게 통제되고 창의적이고 민주적인 사고가 차단된 비민주적인 교육의 그림자도 어른거린다. 지금은 많이 달라졌다고 하지만 학교 교과과정을 바꾸는 데에 걸리는 세월을 생각해보라. 그 세월이 길어지며 교사들도 자신들의 역할이 무엇인지 헷갈리게 되었다. 안으로는 교과과정에 충실한 수업을 진행하고 바깥으로는 모든 결과를 점수와 대학진학률로 평가하는 제도에 순응하게 된 것이다.

"펜은 칼보다 강하다The pen is mightier than the sword"는 말은 영국의 작가 에드워드 불워 리턴Edward Bulwer Lytton이 1839년에 발표한 역사극《리슐리외 또는 모략Richelieu; Or the Conspiracy》에 처음 등장했다. 깊은 사색을 통해 쓴 글이 무력을 행사하는 어떤 힘보다 더 강하다는 것을 강조하는 말이다. 그리고 역사가 그것을 증명했다. 우리 역사의 흐름에 개혁을 불러왔던 대다수 운동은 몇 권의 책에서 시작되었다. 공자의 〈예기〉 편에 등장하는 이상사회인 대동사회大同社會로부터 북학파, 실학사상, 개화파, 독립운동가, 민주화운동가들의 의식의 각성에는 배경이 되는 책들이 있었다. 누군가 자기 시대의 한계에 문제의식을 가지고 고민하고 연구하여 기록을 남긴 책이 후세에게는 혁신과 개혁의 기초가 되어주었던 것이다.

나를 바꾸기 위해서는 나를 성찰해야 한다. 다른 이들이 나의 삶에 대해 훈수 두는 것을 싫어하는 사람일수록 자기성찰을 해야 한다. 남의 말을 듣는 것이 힘든 사람은 자기 스스로에게 글을 통해 말해야 한다. 자기혁신도 글쓰기에서부터 시작하는 것이다. 아무리 후세대를 아끼고 놀라운 통찰력이 있어도 글로 남기지 않으면 후대가 그 유익을 누릴 수 없다. 그런 의미에서 글쓰기는 자기혁신이다.

내가 사는 세상을 바꾸고 싶다면 글을 써야 한다. 어떤 운동도 깊은 사상적 뒷받침이 없이는 오래갈 수 없고 영향력이 확대될 수 없다. 깊은 사상을 품은 한 사람의 존재에만 의존하는 운동도 오래갈 수 없다. 한 사람의 사상이 글로 정리되고 바르게 전수되고 이해될 때 그 사상과 운동은 지속성을 가진다. 세상을 바꾸기 위해 글을 쓰라. 미력한 필력이지만, 이 글을 쓰는 이유도 대한민국 교육과 학교와 교사, 부모와 자녀들에게 작은 변화라도 있기를 기대하기 때문이다.

4. 말하기 말하기, 표현하기

성적은 앞서가도 말은 뒤처질수 있다

공부에는 천재, 말에는 둔재인 사람들이 있다. 아무리 성적이 좋고 학벌이 좋아도 말이 둔하면 리더의 자리에 서기 힘들다. 《하버드 비즈니스 리뷰》에 의하면 전 세계적으로 성공한 비즈니스 리더들의 아홉 가지 공통점 중 하나가 뛰어난 의사소통 능력이다. 영향력이 리더십의 본질이라면 영향력을 구성하는 요소는 리더의 인격과 실력이라 할 수 있다. 인격이라 함은 그를 총체적으로 드러내는 개별 요소의 통합을 말한다. 말, 행동, 글, 실력, 마음, 정서 등 모든 것이 통합되어 한 사람의 인격을 이룬다. 말을 번지르르하게 잘해도 행동이 뒤따르지 못하면 인격에 흠집이 난다. 실력이 아무리 탁월해도 정서적 미성숙은 사람들의 인정을 받는 데 큰 걸림돌이 된다. 인격을 구성하는 많은 요소 가운데 즉각적으로 효과가 나타나면서 쉽게 조절하기 힘든 것이 말이다. 글로 쓰는 일도 얼마든지 꾸밀 수 있고 감출 수 있는 일도 말로 하다보면 실수하기 쉽다.

말에도 인문학적 소양이 필요하다. 인문학은 사람을 이해하고 자신을 둘러싼 세상을 이해하는 학문이다. 의사소통이 뛰어난 사람은 청중의 수준과 분위기를 잘 파악하고 그에 맞는 변화를 주면서 탁월하게 분위기를 이끌어갈 줄 안다. 강연 원고를 제대로 써서 읽으면 되지 않을까 라는 생각도 할 수 있지만, 갑자기 강연의 주제와 방향성이 바뀔 수도 있고 청중이 나의 예상과 다른 사람들일 때 즉각 대처하기 힘들다. 한 번의 강연이나 사업 설명과 회의 진행의 실패가 사회에서는 인생의 성패를 결정짓기도 한다. 하버드에서는 '세 치 혀'가 돈과 핵폭탄과 함께 세계 3대 위력에 속한다고 볼 정도로 말의 중요성을 강조한다. 글쓰기뿐만 아니라 말하기를 가르치는 전통이 100년이 넘었다고 한다. 세상에서 제일 똑똑한 친구들을 선발해서 필수적으로 가르치는 것이 읽기, 생각하기, 쓰기와 말하기라는 사실은 놀랍다. 시험을 잘 봐서 명문대를 들어갔어도 읽고 쓰기가 되지 않아 학교를 중도 포기하는 학생들이 적지 않고 졸업 후 사회에 나가서도 쓰기뿐 아니라 말하기가 되지 않아 사회생활에 어려움을 겪는 사람들이 많다.

리더십은 안목Perspective과 소통Communication이 핵심이다. 비전을 보고 상황을 파악하고 방향을 설정하는 안목과 비전과 목표를 구성원들과 소통하여 함께 일하게 만드는 능력이다. 아무리 대단한 꿈을 꾸고 원대한 목표를 가지고 있어도 함께 하는 사람들과 소통할 수 없고 동기부여가 일어나지 않으면 뜻을 이룰 수 없다. 한 조직의 대표에게만 요구되는 조건이 아니라 한 사람이라도 이끌고 함께 일하기 위해서는 소통 능력은 필수적이다. 좋은 교육을 받고 건강한 영향력을 행사하는 사람이 되는 일에 말하기 능력은 필수라고 할 수 있다. 공부를 열심히 하여 성적은 좋은데 그 좋은 지식과 공부를 다시 가르치지도 잘 써먹지도 못한다면 얼마나 안타까운 일인가.

우리는 말 안 하고 살 수가 없다

"우리는 말 안 하고 살 수가 없나"라는 노래 가사가 있다. 대답을 원하고 물어본 질문이라면 "그럴 수 없다"라고 정확하게 답해주고 싶다. "그걸 굳이 말해야 알아?"라고 묻는 질문도 있다. "말해야 안다"라고 답해주고 싶다. 〈대화가 필요해〉라는 코미디 프로그램이 있었다. 말없이 식사하다 한 마디 말에 격하게 분노만 표출하는 아버지의 모습이 주를 이룬다. 말을 해야 하는데 말을 할 수 없는 분위기에서 자란 아이들이 소통을 원활하게 하기는 힘들다. 누적된 불만과 분노를 일시에 터트리거나 부정적인 감정을 오래 품고 욕설이 일상화되거나 하면 인성이 파괴된다. 성인이 되면서 필요한 건강한 의사소통에 큰 장애물을 품고 살게 되는 것이다.

지그문트 프로이트가 "말은 한때 마술이었다"고 했다. 우리 속담에도 "말 한 마디로 천 냥 빚을 갚는다"고 했다. 인간은 평생 대화하며 살아간다. 자신의 감정과 생각을 전달함으로 친구가 생기고 연인도 생긴다. 인생의 꿈을 실현하기 위해 때로는 누군가를 설득해야 하고 누군가에게 설명해야 한다. 누군가를 변호해야 하며 자신의 억울함도 증명해야 한다. 부모를 설득해야 하고 주변을 설득해야 한다.

어린이집 몇 년을 다니고 유치원도 몇 년, 초·중·고 12년 교육을 받았는데 대학 입학 면접 동안 자기 이야기 몇 분을 정확하게 하지 못한다는 것이 우리 교육의 현실임을 심각하게 받아들여야 한다. 단지 말을 잘 못한다는 정도로 치부해버릴 일이 아니다. 친구들과 놀고 대화하면서 끝없이 수다를 떠는 아이들이 막상 면접관 앞에서 3분도 자기 이야기를 요약하고 정돈해서 말로 표현하지 못하는 모습을 부모와 교사들이 직접 눈으로 보아야 한다. 부모는 아이를 어떻게 키웠으며 교사는 무엇을 가르쳤나 라는 후회와 허무감을 맛볼 필요가 있다. 이것이 지식과 인성의 문제가 아니라 여긴다면 교육자로서의 자격이 없다. 그만큼의 교과를 공부하고 그렇게 많은 아이들과 어울려 자라고 그렇게 어려운 수능시험을 치러내는 아이들이 자기 이야기를 3분 정도도 하지 못한다는 것이 어떻게 이해가 되는가. 긴장해서 그렇다면 긴장하는 것도 인성의 문제다. 자신감을 길러주는 교육을 하지 못했다는 뜻이다. 첫 만남이나 첫 대화와 토론에서는 누구나 긴장하지만 계속 할수록 안정감과 자신감을 찾아가기 때문이다.

국어를 그렇게 오랜 세월 배워도 한국어로 대화를 잘 하지 못한다. 영어를 그렇게 오랜 기간 배웠어도 영어에는 자신이 없고 역사를 그렇게 오래 배웠어도 역사를 잘 모른다. 다들 그런 거라고 생각하고 넘어가서는 안 된다. 해외 유학 생활을 오래 했고 한국에 돌아와서도 외국인 유학생들을 많이 만났다. 외국 학생들이 궁금해하는 한국 역사에 대해 짧게라도 설명해줄 수 있는 사람들을 만나기 어려웠다는 이야기를 항상 들었다. 영어가 짧아서라기보다 우리 역사를 그렇게 오랜 시간 배웠어도 별로 기억나는 것들이 없기 때문이다. 첨성대, 불국사, 이순신 장군, 3·1운동은 다 알지만, 배경도 전개도 의의도 모른다. 학교에서 배울 때 그렇게 배우지 않았기 때문이다. 시험을 보기 위해 외우는 정도로 공부했든 관심이 없었든 결과는 마찬가지다. 스스로 공부하고 핵심과 뜻을 생각해보고 요약해서 잘 써놓고 누군가에게 말로 설명해보면 확실히 자기 것이 된다. 그제야 새겨지는 공부를 하게 된 것이다. 토론이 완전학습에 가까운 이유다. 물론 토론만이 아니라 그 무엇도 완전하지 않지만 어떻게 사용하느냐가 더 중요하며 누가 하느냐도 중요한 이유다. 안 되는 방식으로 하고는 안 된다 말하는 미숙한 교사들도 많기 때문이다. 토론의 본질을 살려 공부의 네 가지 기초를 단계별로 잘 이끌어주면 토론은 완전학습으로 활용할 수 있다. 물론 계속 강조해왔듯이 토론의 기초가 유대인처럼 가정에서 부모와 자녀 간에서 활발하게 사용된다면 더없이 좋을 것이다.

토론은 완전학습이다

토론이 중요하다는 인식과 함께 학교 교과에도 토론 수업을 진행하거나 토론 방식을 교과에 도입하는 시도가 많아졌다. 변화가 있었다는 결과도 있지만, 아이들도 그냥 떠들고 노는 시간으로 인식하거나 교사도 이리 뛰고 저리 뛰는 아이들의 말장난에 제대로 된 토론을 하기 힘들다는 이야기도 많다. 아이들 수준에 아직 토론은 시기상조라는 말도 많이 듣는다. 문제의 원인을 잘못 짚었다. 토론에는 지적 성숙과 말하기 실력이 필요한 것이 사실이다. 하지만 그런 훈련을 체계적으로 한 번도 받아본 적이 없는 아이들에게 주제만 던져주고 "토론 해봐"라고 해서 토론이 가능해질 리 만무하다. 토론도 학습이며 완전학습으로 공부의 네 기초를 차근차근 밟아야 한다.

토론을 하기 위해서는 주제와 관련된 독서 자료를 찾아야 한다. 정보를 찾고 정리하고 읽는 과정이 필수다. 자료들 가운데 토론에서 사용할 근거들을 정리하는 쓰기도 동반된다. 자신의 주장을 어떻게 펼칠 것인지 논리적 사고가 필요하다. 상대방이 어떻게 반박할 수 있을 것인가를 예상하는 생각하기가 중요하다. 내가 주장하고자 하는 명제가 모순이 없는지 논리적 구조를 철저히 검증해야한다. 트리비움의 '문법'과 '논리'가 필요하고 공부의 네 기초 중 읽기, 생각하기, 쓰기가 모두 동원되어야 한다. 그 모든 것이 꽃을 피우는 것이 '수사'이며 토론, 즉 말하기다.

　토론을 완전학습으로 완성시키기 위해서는 부모와 교사의 노력이 필수적이다. 미국의 리버럴 아츠 칼리지Liberal Arts College로 유명한 세인트 존스 대학St. John's College은 4년간 200여 권의 고전을 읽고 토론하는 수업으로 유명하다. 다른 전공은 없이 전체 학생이 인문교양 전공이다. 물론 인문학만을 가르치지는 않는다. 자연과학과 실험 실습도 계속 진행된다. 인문학을 가르치는 대학이라기보다는 자유학이라는 좀 더 넓은 의미의 전 과정을 가르치기 때문이다. 이곳에서 가장 중요한 역할은 역시 교수들이다. 학생들이 놀라는 것은 역사나 정치 전공 교수가 자연과학이나 산업 기술에도 밝으며 문학과 예술에 대한 식견도 탁월하다는 것이다. 이런 종류의 토론 수업은 교수나 교사의 역량이 가장 중요하다. 학생들이 가진 지식은 어차피 한정되어 있기에 토론할 수 있는 주제의 다양성도 제한적이다. 그래서 사전 학습으로 읽기와 생각하기, 즉 문법과 논리의 수업이 필요한 것이다. 학생들이 지적인 한계점에 도달했을 때 그다음 단계로 성장할 수 있는 생장점이 터지도록 자극을 주는 역할을 할 수 없다면 토론 수업은 큰 의미가 없다. 다른 학문과의 연계성을 찾도록 도와 호기심을 자극하여 스스로 탐구하도록 만들 수 없으면 토론 수업은 지루하기 짝이 없고 늘 하는 이야기들이 반복된다.

　토론을 완전학습이라고 부르는 이유는 읽기, 생각하기와 쓰기의 기술에 인문학적 감수성이 필수적으로 더해져야 하기 때문이다. 글로 쓰는 일의 중요성과 편지나 기록의 힘이 세상을 바꾸기도 한다고 하지만 말로만 전달할 수 있는 감정이 있다. 음성도 중요하지만 말하는 사람의 눈빛과 태도, 손짓 하나 표정 하나까지도 토론에는 영향을 미친다. 사람의 마음을 움직이는 말은 나와 함께 대화하고 토론하고 있는 상대방과 토론 그룹에 대한 정서적 교감과 공감이 일어날수록 효과가 더 크다. 사람의 감정과 상태에 관심 없고 자신이 할 말만 하는 것을 토론이라 생각하는 사람은 없다. 그 정도는 감정 없는 기계도 할 수 있는 일이다. 인간에 대한 깊은 이해와 공감이 프로이트가 말했던 말의 마술을 살아나게 하는 재료다.

아리스토텔레스의 수사학

아리스토텔레스는 《수사학The art of Rhetoric》이라는 책에서 설득의 3요소로 로고스logos, 파토스Pathos 그리고 에토스ethos를 말했다. 이 세 가지 가운데 설득력에 작용하는 순서는 에토스, 파토스 로고스 순서여야 한다고 했다.

'에토스'는 말하는 이의 고유한 성품이나 인격에서 우러나오는 인간적인 신뢰감을 뜻한다. 신뢰를 잃어버린 사람이 하는 어떤 말도 사람들은 믿지 않는다. 선입견과 닫힌 마음이 큰 걸림돌이 되기 때문이다. 대단한 논리를 동원하여 설명하고 가슴을 흔드는 감성적

언어를 사용해도 말하는 사람에 대한 신뢰가 없다면 믿지 않을 것이다. 아리스토텔레스는 에토스는 말하는 사람의 언어적, 비언어적인 요소를 모두 포함하는 것으로서 설득의 수단 중에 가장 강력한 것이라고 말했다. 학교와 교사에 적용한다면 싫어하는 교사가 가르치는 과목은 공부하지 않는 아이들의 심리와 같다. 선생님이 싫으면 그 과목도 싫다. 싫어하는 사람은 무슨 얘기를 해도 싫은 것이다. 에토스가 확고한 사람이 가장 영향력 있는 사람이다. 인성이 기초가 되지 않은 실력이 무의미한 것은 상식이다. 우리나라 교육을 받은 아이들 가운데 실력이 뛰어나다는 아이들을 유심히 보아야 하는 이유다. 성품은 금방 드러나는 것이 아니기 때문이다.

'파토스'는 말을 듣는 상대방의 심리와 감정 상태에 맞는 호소력이 있어야 한다는 뜻이다. 논리가 아무리 완벽해도 상대방의 마음을 움직이지 못하면 결국 설득에 실패한다. 특히 파토스는 대화를 나누고 있을 때의 심리상태를 뜻하는데, 상대방의 현재 감정 상태를 빨리 파악하는 감각이 뛰어나야 한다. 상대방이 웃고 있어도 거절할 수 있고 무표정이다가도 흔쾌히 동의할 수 있다. 대화와 토론을 진행하면서 상대방의 외적 상태뿐 아니라 내면의 상태까지도 느낄 수 있을 만큼 감각이 개발되고 뛰어난 사람이면 설득에 성공할 가능성이 그만큼 높다는 것이다. 학교의 수업도 마찬가지다. 학생들의 상태와 관계없이 교사가 할 말만 쏟아놓고 진도만 맞추는 것이 교육이 아니다. 어깨동무학교는 학생 가운데 피곤한 아이들은 따로 쉴 수 있는 시간을 준다. 아침부터 졸려서 힘들어하지 말고 한 시간 푹 자고 하루를 기분 좋게 좋은 컨디션으로 보내라고 한다. 아이들의 심리적 부담감과 힘들어하는 정도를 봐서 수업을 야외수업으로 바꾸거나 영화를 보러가거나 간식을 사와 대화로 수업을 진행하기도 한다. 내가 할 말을 다하는 것이 중요한 것이 아니라 아이들이 배우고 싶고 기억하고 싶은 마음을 가지도록 하는 것이 더 중요하기 때문이다.

'로고스'는 상대방에게 명확한 근거를 제시하여 논리적으로 설득하는 것이다. 가장 마지막 요소라고 했지만 에토스와 파토스의 완성이 로고스이기도 하다. 무엇이 더 중요한가의 문제가 아니라 세 가지 요소를 적절하게 잘 갖췄는가의 문제이다. 사람에 따라 감성에 더 반응하는 사람에게는 파토스의 원리를 더 잘 활용해야 하고 이성과 논리가 강한 사람에게는 로고스의 요소를 중요하게 생각해야 한다. 에토스는 둘 모두에 신뢰를 더하는 견고한 기초와 같다. 에토스의 기초위에 로고스를 갖춘 사람이 파토스를 잘 활용하여 대화와 토론을 진행한다면 좋은 결과를 가져올 것이기 때문이다.

제발 쓸모 있는 교육을 하자

학교에서 국어, 영어, 제2외국어 등과 같은 어학만을 가르칠 것이 아니라 소통과 토론을 가르쳐야 한다. 언어가 달라 말이 안 통하는 것이 아니라 대화의 기술이 없고 성품이 준비되지 않았기에 막히는 것이다. 한국 사람이 한국 사람과 대화하면서도 말이 통하지 않는다고 하고 외국인과 외국어로 대화가 힘들어도 말이 안 통한다고 한다. 언어가 달라 통하지 않는 것과 같은 언어를 쓰면서 통하지 않는 것은 본질적으로 다른 문제이다.

어깨동무학교 아이들은 학교의 결정이 불합리하다고 생각되면 자신들의 의견을 모아 교장, 교감 선생님과 면담을 하며 자신들의 뜻을 전달한다. 학교는 학생들의 생각이 맞다고 동의되면 결정을 번복해서라도 학생들의 의견을 존중한다. 선생님에 대한 불만도 욕이나 '뒷담화'가 아니라 생각을 정리하여 예의와 격식을 갖추어서 존중을 담아 전달하도록 한다. 아이들이 대화를 요청할 때에는 교사는 언제든지 응해야 하며 아이들의 이야기를 경청해야 한다. 학교가 무엇을 결정함에 있어서 학생들과 의논해야 하는 문제는 반드시 의견을 묻고 그 의견을 반영하여 결정한다.

공부의 기본기를 지키고 등수와 등급을 나누기 위한 교육이 아니라 사람됨을 위한 교육을 했더라면 약간의 전략 수정만으로 코로나도 4차 산업혁명도 맞이할 수 있었을 것이다. 크고 작은 학교를 전국 8개 도시에 설립하고, 운영을 돕고 있는 사람으로서 실제 어깨동무학교는 코로나로 인해 큰 몸살을 앓지 않았다. 오프라인에서 하던 것을 온라인으로 방식만 바꾸면 되는 일이었다. 소수로 운영하며 한 학생도 포기하지 않는 교육을 추구한다면 온라인이든 오프라

인이든 학생들과의 유대관계나 학습 동기 부여 등을 걱정하지 않아
도 된다. 전국 각 지역에 있는 학교들의 가장 좋은 과목을 온라인으
로 다른 학교들과 공유해서 통합 수업을 진행하는 일도 벌써 실행
하는 수업 방식이다. 같은 네트워크 안에 있으나 똑같은 교과 시간
표를 강요하지 않는다. 지역의 특성과 아이들의 개성에 맞게 지역
별로 독자적이며 창의적인 시간표를 짜며 다른 학교들과 공유할 수
있는 영역을 확대해나간다.

입시 교육도 없으며 검정고시도 거의 자발적으로 준비한다. 수능
을 보지 않고 대학을 진학할 수 있는 가능한 모든 길을 찾아 제공한
다. 유학도 고비용의 엘리트 유학만이 아닌 한국보다 저렴한 비용
으로 진학할 수 있는 좋은 학교들을 계속 찾아서 연결한다. 이 아이
들이 우리 학교에 있는 동안 두각을 나타내는 것이 중요한 것이 아
니라, 우리 품을 떠나 자기들이 가야 할 길을 가는 동안 이곳에서
배운 것이 견고한 기초가 되기를 기대하는 교육을 한다고 자부한
다. 쓸모없는 과목들은 과감히 줄이고 필요한 영역이 더 개발될 수
있도록 최선을 다한다. 완전학습까지는 아니어도 어디에 내놓아도
인성이나 자기 책임감과 타인에 대한 이해와 배려가 남다른 아이들
임을 자부한다.

'유엔미래보고서'에는 21세기 4차 산업혁명 시대에 학교 교육의
추세가 과목별 교육이 아닌 융합 교육이라 한다. 서로 연계되지 않
는 개별 학과목 교육의 한계는 이미 바닥이 드러났다. 지금까지 이

야기된 본질과 기본에 충실했더라면 이제 와서 호들갑을 떨 필요도 없었을 것이다.

많은 교육 선진국들이 기존 교과목을 소통Communication, 협업 Collaboration, 비판적 사고Critical Thinking, 창의성Creativity 이라는 카테고리 안에 융합하는 시도를 하고 있다.

언어를 말하지만 소통할 줄 모르는 교육을 벗어나기 위해 단순한 언어Language 교육이 아니라 '소통 교육'을 해야 한다. 부부나 부모 자식이 언어가 달라 불통이 되는 것이 아니다. 대화와 소통하는 방법을 모르는 것이다. 국어, 영어, 제2외국어 등의 언어 영역만 소통에 속하는 것이 아니다. 언어의 배경이 되는 그 나라와 민족의 역사와 문화도 함께 가르쳐야 한다. 소통과 인간관계의 심리학도 융합해서 가르쳐야 한다.

집단지성 시대와 초연결 시대에 뒤처지지 않도록 협업하는 연습을 학교에서부터 해야 한다. 이것이 세대 통합 클래스를 운영해야 하는 이유다. 가정이 핵가족화되며 가정이 사회의 온전한 기능을 경험하기 어려운 시대다. 학교에서 또래들뿐만이 아니라 아래 위 몇 년 터울의 사람들과 친구처럼 지내며 서로 소통하는 경험이 사회생활로 바로 연결된다. 나이가 중요하지 않고 서로가 어떤 사람인지 알고, 경쟁자가 아니라 서로 더불어 살아가는 사람 사는 세상을 만드는 교육이 쓸모 있는 교육이다. 각자가 잘하는 것으로 서로 협업하는 세상이 더불어 사는 세상이다.

우민화 교육, 식민지 교육, 전체주의 집단 교육의 폐해를 극복해야 한다. 자유로운 정신으로 마음껏 꿈꾸며 주입식 교육을 과감하게 거부할 수 있어야 한다. 개개인의 주체성과 자율성을 회복하는 일에 '비판적 사고'만큼 중요한 것이 없다. 수동적 사고가 아닌 능동적 사고로 지적 성장이 일어나며 문화와 역사의 진보에 기여하게 된다. 비판적 사고가 기반이 되어야 창의성 개발이 가능하다. 읽기와 생각하기, 쓰기와 말하기가 제대로 융합된 교육이면 비판적 사고도 창조적 사고도 가능하다.

'창의성'만큼 안간을 인간 되게 하는 것이 있을까? 이어령 선생은 자신의 평생 교육 활동을 통해 제자들이 창조적 인간으로 양육되었으면 더 바랄 것이 없겠다고 했다. 창조적 인간! 얼마나 가슴 뛰는 말인가. 기계의 부속처럼 살아가는 인생도 아니고 인간다운 삶을 개척해나가는 숭고한 걸음이 상상되는 단어다. 창조와 재창조를 거듭하며 어떤 시대적 변화도 헤쳐나가는 인간의 위대함과 탁월함이 빛나는 영역이 창의성이다. 창의성이 죽으면 단지 생각 없는 인간이 되거나 아이디어가 모자라거나 수동적 인간이 되는 것이 아니다. 창의성이 없거나 죽으면 '인간다움'을 잃어버리는 것이다. 지금도 얼마나 많은 아이들이 창의성이 죽어가는 현장에 방치되어 있는가. 아이들의 눈빛에서 창조적 기대감으로 빛나는 별빛을 볼 수 있는지 유심히 살펴보라. 쓸모없는 교육으로 쓸모없는 존재가 되어가는 것 같은 절망감이 보이는지 살펴보라. 쓸모 있는 교육을 통해 창조적 열정이 반짝이는 눈동자를 다시 찾아야 한다.

쓸모 있는 교육

글을 어느 정도 마무리될 때 이 책의 제목을 '쓸모 있는 교육'으로 거창하게 붙였지만, "도대체 쓸모 있는 교육이 그래서 무엇이란 말인가?"라는 궁금증이 있을지 모르겠다. 쓸모 있는 교육이란 인생을 살아가면서 "그때 그걸 배우기를 참 잘했다"는 생각이나 "그래도 배워놨더니 쓸모가 있네" 정도의 교육만이어도 된다. 배울 때는 힘들었으나 결국 그 공부가 나를 살게 하는 공부가 있는가 하면, 배울 때도 힘들게 배웠는데 힘든 인생에 하나도 도움이 되지 않는 공부도 있다. 오히려 "쓸데없는 그런 공부를 뭐 하러 그렇게 큰돈을 들이고 그 많은 시간을 써가며 했을까" 하는 후회를 남기는 공부도 있다. 학벌과 학력 과잉 사회인 대한민국에 사는 사람들이라면 이런 후회를 많이 해보았을 것이다. 물론 공부라는 것이 내가 쓸모를 인식할 수 있을 정도로 다 드러나지 않는 것도 있다. 내면의 가치나 삶의 태도와 나도 잘 모르는 내면의 정서에 스며들어 있는 영향도 있다. 쓸데없는 공부라고 생각하고 힘들어 했던 그 시간이 후일 나를 살릴 수도 있고 예기치 못한 도움이 될 수도 있다. 인생은 알 수가 없는 것이니 말이다. 그런 의미에서 쓸모 있는 교육이란 후회를 남기지 않는 교육이라 할 수 있다. "그래도 배워두길 잘했다" "그 시간들이 그래도 보람이 있었구나" "그때는 이해되지 않았는데 이제야 이해가 되네"라는 생각만 들어도 쓸모가 있는 교육이다.

이 책에서 말하고 싶었던 쓸모없는 교육을 조금 더 풀어서 설명하자면 잘못된 방향을 설정하고 속도만 올리는 교육, 학생 개개인의 진로와 수준을 고려하지 않는 획일적인 교육, 과도한 목표 설정과 부담을 지우는 과잉교육 등이다. 부모의 재정 낭비이며 아이들의 인생 낭비며 사회적 불평등과 불만을 야기하는 근원이 된다. 모두가 이른바 일류대학을 갈 수 있는 것도 가야 하는 것도 아니다. 모두가 수도권이나 '인In 서울 대학'을 가야 할 필요도 없다. 아니 모두가 대학을 가야 하는 것도 아니다. 그래도 대학은 가야 한다는 심정은 충분히 이해하니 너무 극단적으로 받아들이지는 말기 바란다. 대학이라고 변화의 쓰나미를 피해갈 수는 없다.

MOOC가 2012년 세상에 나왔다. 대다수의 사람들이 대학을 다니지 못했거나 다닐 수 없는 사람들이 무엇인가를 배울 수 있는 곳이려니 생각했다. 소수의 사람들만이 교육 불평등을 해소할 교육 혁명이라 생각했다. 사이버대학이 존재했지만 다들 방송통신대학교나 다를 바 없다고 생각했다. 포스트 코로나 시대에 방송통신대학교나 사이버대학교들이 훨씬 준비된 역량을 갖췄다고 평가받는 아이러니한 상황이 되었다. 온라인 교육은 수준이 떨어지는 교육이라고 생각했다. 하지만 교육의 미래를 내다보는 사람들의 생각은 달랐다.

대표적인 MOOC 플랫폼인 '코세라Coursera'의 공동설립자인 다프니 콜러Daphne Koller는 코세라가 가져올 변화에 대해 다음과 같이 말했다. "우리가 좋아하던 싫어하던 MOOC의 쓰나미는 몰려올 것이다. 휩쓸려 떠내려가든지 파도를 타든지 해야 한다. 파도를 타는 편이 훨씬 낫다."

2012년도에 40개 대학, 250개 강좌, 200만 명의 수강생들로 시작한 MOOC가 2020년 불과 8년 만에 950개 대학, 16,300강좌, 1억 8천만 명의 수강생이 되었다. 0원의 수익을 만들어내던 교육 플랫폼이 지금은 수천 개의 비즈니스 파트너들과 수억 달러의 수익을 만들어내는 사업으로 성장했다. 특히 2020년 코로나 바이러스로 인한 팬데믹이 일어난 후 대다수 MOOC 플랫폼들이 두세 배 이상 성장했다. MOOC를 통해 67개 학위과정의 정식 학위를 취득할 수도 있다. 한국형 MOOC인 K-MOOC도 2015년도에 10개 대학 7개 강좌 약 5만 5천 명의 학생들로 시작되어 2019년도에 116개 대학, 735개 강좌, 약 116만 명의 수강생 규모로 성장했으며, 대학에서 타 대학 MOOC의 학점을 인정해주는 학점 교류도 활발하게 이루어지고 있다. 학점 인정을 넘어 해외 학위를 국내에서 공부할 수 있는 기회는 점점 넓어지고 있음에도 국내 교육의 현실은 답답한 방에 갇힌 느낌이다.

각 대학 고유의 역사와 전통, 그리고 학문적 탁월함과 명성도 지속되리라 보고 그것도 중요하다고 생각한다. 하지만 세계가 온라인 교육으로 연결되는 시대가 되면서 국내 대학들의 생존은 더 위협받는 상황에 놓이게 되었다. 직업군의 변화 역시 대학의 변화를 강력하게 요구하고 있다. 한 가지 전공을 해서 한 가지 직업에 평생 종사할 수 있는 직업군은 점점 줄어들고 있다. 복수전공 또는 융합전공을 공부한 한 사람이 몇 곳의 직장과 프리랜서로 일하는 비율이 급격히 늘어나고 있다. 국내에서 해외 회사들과 일하는 것도 가능해진 지 오래다. 직장과 인생에 도움이 되는 교육이 쓸모 있는 교육이다. 교육이 단순히 대학 진학과 취업을 위한 도구가 아니라 해도 이러한 변화는 한 개인의 삶에 중요한 영향을 미친다. 변화의 파도를 탈 것인가 파도를 뒤집어쓰고 정신 못 차리고 휩쓸려 갈 것인가의 문제다.

쓸모 있는 교육은 '청정교육' 철학에 기초한 바른 방향 설정과 네 가지 공부의 기초인 읽기, 생각하기, 쓰기, 말하기를 통한 변화를 읽고 대안을 찾고 길을 개척해나가는 실력 함양의 균형을 이루어야 한다. 지나치게 본질과 철학만 고민하다 시대의 흐름을 놓치고 떠내려가거나 떠밀려가게 되든지 지나치게 변화에 민감하게 반응하며 실용적 대안만을 찾아가다가 길을 잃게 되면 안 된다. 무엇보다 국가가 정해놓은 길만이 옳은 길이라는 착각에서 벗어나야 한다. 오래된 인문학의 길을 걷는다는 것은 전통적인 길을 고집하는 것이 아니라 오히려 그 시대에 혁신적이었던 옛길을 우리 시대에도 창조적으로 걸어간다는 것을 의미한다.

모두가 가는 길이 아닌 내가 가야 하는 길로 가도록 돕는 교육이 쓸모 있는 교육이다. 아이들이 그런 선택을 하기 위해서는 부모와 교사와 이 사회가 그 길을 응원해야 한다. 차별하거나 무시하지 말아야 한다. 틀렸다고 말해서는 안 된다. 자기만의 길을 걷는 걸음을 힘껏 응원하고 박수쳐주어야 한다. 강남에서 강북으로 가는 길이 한남대교만 있는 것이 아니듯 각기 다른 정체성과 꿈을 가진 인간이 자기만의 길을 만들어 가도록 지원해야 한다. 창조적이며 혁신적인 길을 만들어가는 대안교육 활동도 정부가 적극 지원하여 아이들이 걸어갈 수 있는 다양한 길을 만들어주어야 한다. 모두가 경쟁하는 한 길이 아니며 소수만을 위한 성공이 아닌 나만의 길이 성공의 길이 되는 세상을 만들어야 한다. 아직은 아니라고 여전히 모두가 가는 길만을 부모와 아이들과 학교가 고집한다면 세상은 변하지 않는다. 그런 의미에서 쓸모 있는 교육으로의 초대는 세상을 바꾸는 교육으로의 초대다. 팬데믹 시대를 지나가며 교육에는 또 한 차례의 혁신의 쓰나미가 몰려왔다. 이제 파도를 타자. 저항해보아야 소용없다. 파도 타기를 가르치는 교육이 쓸모 있는 교육이며 돌아보았을 때 후회되지 않는 교육이 될 것이다.

chapter 6

다 시
쓰 다

항상 기억하고 싶은 마음들

사람을 위해 학교가 존재한다

_ 학교 운영자들에게

학교 교육을 다 마친 사람이 취업을 할 때 가장 일하고 싶어 하는 직장을 생각한다면, 사람을 위해 존재하는 직장일 것이다. 회사의 이익을 위해 사람을 희생시키고 그 대가로 벌어들인 이윤으로 특정 그룹의 사람들이 희희낙락하는 삶을 좋아할 직장인은 아무도 없다. 마찬가지로 학교도 사람을 위해 존재해야 한다. 학교의 실적을 위해 학생들이 필요한 것이 아니다. 교사의 월급을 위해서나 학교 설립자의 이익을 위해 학교가 존재해서는 안 된다. 교육은 희생과 투자여야 한다. 필자는 고등학교 때, 체육시간이나 아침 조회가 마치고 나면 운동장에 일렬로 늘어서 앉은 상태로 돌을 주우며 끝까지 가고난 후에 교실로 들어갔던 기억이 있다. 썩 좋은 기억은 아니지만 개인적으로 큰 불만이 없었던 이유는 학교 이사장님이 늘 밀짚

모자를 쓰고 손에 괭이를 들고 학교를 다니며 잡초를 뽑고 돌을 치우시는 모습을 거의 매일 보았기 때문이다. 아직은 어릴 때였기 때문에 그분들이 학교 운영을 어떻게 했는지는 잘 모른다. 하지만 학생들의 기억에 고급 승용차를 타고 왔다 가는 모습만 보이는 것이 아닌, 손수 학교를 돌보고 일하는 허름한 작업복 차림의 이사장 모습을 남긴 것만도 의미가 있다고 생각한다.

학생들이 학교 홍보를 위한 도구가 되어서도 안 된다. 학교의 자랑이라는 것이 이른바 명문대를 가고 사회적으로 성공하거나 유명한 사람들로 규정되는 한 쓸모 있는 교육을 하기는 어렵다. 절대다수의 그렇지 못한 아이들은 스스로를 자랑스러워하지 않을 것이며 그런 졸업생들이 없는 학교를 자랑스러워하지 않을 것이기 때문이다. 학교 졸업생 가운데 누군가 유명인이 되면 그 학교는 좋은 학교이고 그렇지 않으면 별볼일없는 학교일까? 나머지 인생들은 다 의미 없는 인생일까? 학교에서부터 한 사람의 존재 의미와 가치를 바르게 가르쳐야 한다. 한 사람 한 사람이 중요하며 모두가 함께 사회를 구성하는 서로에게 중요한 존재라는 사실을 알아야 한다. 내가 더 중요하고 내가 더 많은 역할을 하는 우월감이나 그렇지 못한 열등감을 조장하는 교육은 쓸모 있는 교육이 아니다. 결국 이 사회를 망하게 하는 쓸모없는 교육이다. 모두가 꼭대기로만 치닫게 만드는 교육과 사회는 결국 함께 불행해지고 결국 망하게 되는 사회가 되고 만다. 이 모든 일이 학교 교육에서부터 출발한다.

학창 시절부터 성적이 뛰어난 아이들도 성적이 떨어지는 아이들도 모두 존중받는 문화를 만드는 것이 중요하다. 성적이 전부가 아니라 각자가 사회에서 감당해야 하는 역할을 발견하고 그 역할을 감당하는 것을 삶의 의미와 기쁨으로 생각하게 해야 한다. 모두가 대기업의 총수가 될 수 없고 모두가 일류 대학에 들어갈 수 없고 모두가 억만장자가 될 수 없다. 그들 역시 평범한 자신의 역할을 묵묵히 감당해주는 사람들 없이는 존재할 수 없음을 알아야 한다. 그래야만 회사 운영 철학이나 복지가 사람 중심으로 세워진다. 사회 환원이 활성화될 수 있는 길이다. 그래야만 사회가 제대로 돌아간다. 상식적인 세상을 꿈꾸는 것이 사치인 세상이 되었으니 비정상이다. 비정상적인 사회를 정상으로 돌려놓는 일은 교육에서부터 출발한다. 학교의 설립자들이 바른 교육 철학과 바른 가치 교육을 하지 않는 한 세상은 희망이 없다.

학교 운영자들은 우리 학교는 한 아이도 포기하지 않는다는 각오가 필요하다. 어떤 아이도 쓸모없는 존재로 취급받아서는 안 된다. 사람을 포기하는 교육은 쓸모없는 교육이다. 사람을 위한 교육만이 쓸모 있는 교육이다. 대한민국의 학교들이 한 아이도 포기하지 않는 교육을 한다면 학교 이탈 청소년 문제는 자연적으로 해결된다. 공교육이 포기하는 아이들이 있는 한 대안교육은 절대적으로 필요하다. 정부 차원에서 학교 밖 청소년들을 위한 지원에 많은 힘을 쏟고 있지만 한계는 분명하다. 검정고시나 직업 훈련 등을 부분적으로 지원하는 정도로는 안 된다. 공교육 밖에 있는 다양한 대안교육 기관과 협력하여 학교 이탈 청소년을 위한 새로운 길을 만들어야 한다. 공교육이 감당할 수 없는 역할을 대안교육 기관들이 감당할 수 있도록 전폭적으로 지원하고 협력해야 한다. 홈스쿨링이나 대안학교 진학이 학교 이탈이 아닌 다른 길을 찾아가는 진로 선택이 되게 해야 한다. 공교육도 사교육도 대안교육도 한 아이도 포기하지 않겠다는 기본 철학만 공유하여도 대한민국의 미래는 희망이 있다.

꿈은 하고 싶은 일이 아니라 살고 싶은 삶이다
_ 부모들에게

"커서 뭐가 될래?"라는 질문은 잘못된 질문이다. 뭐가 되어야 한다는 직업이나 성취 지향적 질문보다는 어떤 삶을 살고 싶고 어떤 사람이 되고 싶은지를 먼저 물어야 한다. 되고 싶은 사람, 살고 싶은 삶이 있는 아이들이 행복하다. 부모가 주입하다시피 너는 커서 뭐가 되어야 한다, 어떤 직업을 가져야 한다는 말은 강요이며 폭력이다. 자식이 부모를 닮았다는 것은 똑같은 삶을 살아야 한다는 뜻이 아니다. 오히려 자기성찰이 되는 부모는 자신을 닮지 말아야 하는 부분에 대해 경각심을 갖고 있을 것이다. 나는 헛된 꿈을 꾸었고 가치 없는 허상에 목숨을 걸었다면 너는 그러지 말라고 해야 맞는 부모다. 내가 이루지 못한 꿈을 자식을 통해 이루려는 것만큼 폭력적인 일이 없다. 자식은 자식의 삶이 있고 나는 나의 삶이 있을 뿐이다. 아버지가 원하는 학교를 합격하기 위해 대학 입시를 몇 년 동안 재도전하는 아이들도 보았다. 부모가 원하는 학교에 들어가지 못한 일로 평생 자책감을 갖고 사는 학생들도 보았다. 자식의 삶을 불행하게 만든 강요와 압박이 폭력이 아니면 무엇이 폭력이겠는가? 한 사람이 자신의 길을 가고 자신의 삶을 살지 못하도록 강요하는 일이 바로 폭력이다.

자녀가 행복하기를 원하지 않는 부모는 없을 것이다. 하지만 행복을 부모가 정의하고 자신의 행복을 자녀에게 강요한다면 문제가 있다. 사람마다 행복의 기준과 조건은 다르다. 부모 시대의 행복의 기준과 자녀 시대의 행복의 기준도 다를 수 있다. 자녀가 원하는 삶을 살도록 지원하고 응원하는 것이 부모의 역할이다. 자녀가 원하는 삶이 무엇인지 모른다면 그것 역시 부모의 책임이다. 자녀를 십수 년 먹이고 입히고 기르며 그만큼 자세히 살펴보지 않았다는 뜻이며 대화해보지 않았다는 뜻이다. 어려서 인생을 잘 모를 때에는 가르쳐야 하는 것이 있다는 이유로 부모의 삶의 기준과 사고방식을 강요받은 아이들에게 인생을 잘 알게 되는 때는 오지 않는다. 주체적이고 자유로운 사고를 하기 어렵기 때문이다. 자기가 원하는 것을 제대로 표현하거나 실행해보지 못한 아이들이 대학 진학을 앞두고 부모가 물어본다고 갑자기 대답할 수 없다. 생각하고 표현하는 것도 공부고 훈련이라고 했다. 부모의 중요한 역할과 책임은 자녀가 자신의 길을 찾아갈 수 있도록 환경과 여건을 조성하고 지원하는 것이다. 길을 정해놓고 가도록 강요하는 일이 아니다. 늦게 시작한 만큼 늦게 독립한다. 일찍부터 자녀와 미래와 진로에 대해 함께 대화하고 고민하며 길을 찾도록 맘껏 지지해주면 스스로 고민하며 길을 찾아나간다. 이런 고민 없이 대학을 가고 직장을 들어가면 나이 들어 방황하는 어른이 된다. 나이가 들수록 의미와 가치를 찾게 되는 삶에 후회만 더 깊어질 뿐이다.

좋은 과외 선생님을 찾아주는 일에는 모든 정보력을 동원하지만, 인생의 좋은 멘토를 찾아주는 일에는 관심도 없는 부모 밑에서 자란 아이들이 잘되면 신기한 일이다. 멘토와의 만남, 좋은 책과의 만남, 낯선 환경과 문화와의 만남이 중요하다. 만남, 독서와 여행은 자녀들에게 투자해서 손해볼 일이 없는 중요한 투자다. 성적이 좋아도 나빠도, 좋은 대학을 졸업하든지 그렇지 않든지 이 세 가지가 삶의 견고한 기초로 자리 잡은 아이들은 어떻게든 삶을 살아낸다. 시대가 변했다. 학벌사회도 무너져가고 있다. 대학을 졸업하는 것이 유익하고 유리한 면도 있지만 실력으로 학위가 없어도 진입할 수 있는 영역이 넓어졌다. 졸업장이 아니라 사회가 필요로 하는 전문 영역을 수료한 수료장이 더 필요한 시대가 되었다. 대학을 졸업해도 갖추어야 할 스펙은 끝이 없다. 어려운 일이기도 하지만 그만큼 자기 자신을 끊임없이 개발하지 않으면 도태되는 사회다. 부모가 대학 입학하고 졸업 후 취업하던 시대와는 천지개벽이라 할 만큼 세상이 변했다. 부모의 조언이 한계가 있을 수밖에 없다. 이런 문제 역시 천문학적인 돈을 들여 과외를 받아 해결하려 한다면 정말 답도 없는 인생이다. 어려서부터 아이들에게 다양한 영역의 사람들을 만나게 하고 경험하게 하면 자기 스스로 길을 찾고 멘토를 만나고 정보를 얻고 생각하고 판단하게 된다.

가정에서는 아이들의 성품 개발에 힘써야 한다. 다양한 인간관계를 편안하게 맺을 줄 아는 관계의 유연성을 길러주어야 한다. 그러기 위해서는 어려서부터 다양한 관계에 노출되어 그 안에서 배워가야 한다. 공동체 활동을 적극적으로 지원해주어야 한다. 자신의 한계를 넘어서는 과제도 포기하지 않고 극복해내는 강인한 정신력이 필요하다. 부모가 모든 문제를 대신 해결해주는 방식으로는 이런 아이들을 양육할 수 없다. 스스로 도전하고 맞부딪혀 깨져보기도 하며 배워나가야 한다. 작은 일부터 자기를 극복하는 성취감을 맛보게 하면 더 큰 일에 도전하고자 하는 열정에 불이 붙는다. 그러면 스스로 도전하고 한계를 극복하며 자신의 능력치를 확장시켜나간다.

부모가 자신을 위해 최선을 다했고 희생했다는 사실을 부인하는 자식은 별로 없다. 하지만 대다수 아이들은 자신이 원하는 방식의 사랑이나 최선이 아니었다고 말한다. 그래서 이중고에 시달린다.

온전히 사랑받았다는 마음도 없고 그렇다고 부모를 원망할 수도 없는 것이다. 가정에서 원만한 부모자녀 관계를 경험하는 아이들은 자신감과 회복탄력성이 뛰어나다. 실패나 좌절을 견디는 내적 근육이 발달해 있다. 가정에서 실패하면 학교도 학원도 수습 불가능이다. 어떤 경우에도 부모는 자기 자녀에 대한 책임을 다른 곳에 전가해서는 안 된다. 자율과 훈육의 균형이 중요하다. 균형의 기준은 친밀함의 손상 여부이며 자녀의 생각과 감정을 우선 존중하는 바탕 위에서 부모의 생각과 감정을 적절하게 전달해야 한다. 무시보다 존중, 불신보다 신뢰, 불통보다 소통, 흥분보다 차분함, 규율보다 자율, 당위성보다 설득이 중요하다. 성공적인 미래만 그리지 말고 지금 행복해지는 선택을 해야 한다. 그것이 곧 미래의 얼굴이다.

부모가 자녀에게 줄 수 있는 가장 큰 선물은 신뢰다. 끝까지 믿어주는 것. 회복탄력성를 키우는 가장 중요한 비결이 신뢰다. 바닥에 있을 때도 믿어주고 실패했을 때도 믿어주는 지지와 응원이 다시 일어서게 하며 회복의 속도를 높이며 모든 실패와 좌절을 스승으로 삼게 한다. 무조건 잘할 것이라고 믿어주는 것이 아니다. 무조건 다 잘될 거라고 믿어주는 것이 아니다. 힘겹지만 어렵지만 잘 이겨낼 것이라고 믿어주는 것이다. "다 잘할 거라고 믿어"라는 말은 신뢰가 아니라 부담이다. 이유도 근거도 없는 "다 잘될 거야"는 오히려 생의 의지를 약화시킨다. 존재에 대한 신뢰를 끊임없이 보내주면 그 힘으로 어떤 난관도 과제도 헤쳐나가는 모습을 보게 될 것이다.

믿어라. 믿어주는 부모의 힘을. 세상에서 가장 우렁찬 응원가다.

세상을 바꾸는 직업
_ 교사들에게

교육은 한 아이의 세상을 바꿈으로써 온 세상을 바꾸는 일이라고 했다. 반대로 생각하면 한 아이의 세상을 망가트리는 일이 온 세상을 망가트리는 일이 될 수도 있다. 한국 사회에는 연예인이나 스포츠 스타가 과거 학교 친구나 후배들이 학교 폭력을 폭로하며 미래의 발목을 잡는 경우가 많이 있다. 미국은 인종 차별과 혐오, 세상에 대한 분노 등이 도를 넘어 총기 난사 사건으로 표출되어 피어보지 못한 꽃 같은 아이들과 교사들이 생을 마감한 비극도 겪었다. 자신의 세상이 무너진 한 아이가 충분히 주변의 많은 아이들과 그 가족들과 공동체를 무너지게 할 수 있다. 누군가 한 아이도 포기하지 않는 교육을 했더라면 이라는 아쉬움이 큰 이유다.

어깨동무학교에서 정서적으로 어려움을 경험하는 학생들이 있었다. 원치 않는 사고와 피해를 당해 정서적 어려움을 겪는 친구들이었다. 때론 교사 한 사람이 한 아이에게 온종일 붙들려 수업도 진행할 수도 없었다. 그래도 한 아이를 위해 나머지 아이들이 자습하며

교사는 그 한 아이에게 집중하도록 함께 돕는 교육이 어깨동무교육
이다. 그런 날들이 수없이 수년간 반복되었어도 한 아이도 포기하
지 않는 원칙은 지켜냈다. 그것이 어깨동무교육의 힘이다. 그 아이
는 건강하게 잘 회복하여 그 당시엔 꿈꿀 수 없었던 자신의 모습을
찾고 자신의 길을 찾아가고 있다. 자해와 자살 충동에 시달리는 친
구도 있었다. 교사는 24시간 대기했다. 새벽에도 자해와 자살 충동
으로 위기 상황이 되면 아이의 집으로 달려가는 교사가 그 아이를
살리고 그 아이가 살아갈 세상도 살렸다.

　한 사람을 위해 다수를 희생할 수 없다는 논리는 사람을 경제적
논리로 보는 비인간화된 세상을 대변한다. 가정이 아이를 포기해도
교사가 살릴 수 있고 가정과 학교가 아이를 포기해도 사회 어느 구
석에서 어둠을 밝히는 빛 같은 삶을 사는 한 사람과의 만남이 그 아
이를 살리고 그 아이의 세상을 구원할 수 있다. 사회의 그늘진 곳을
돌보는 일을 감당하는 귀한 분들이 많이 있다. 그러나 그들은 가정
과 학교 바깥에 있는 사람들로서 만남과 관계의 한계를 절감하지만
쉽게 아이들을 포기하지 않는 분들이 많다. 종교단체나 복지기관과
공공기관이 나름의 최선을 다하고 있다. 하지만 매일 아이들이 가
장 많은 시간을 보내는 학교에서의 만남이 인생을 변화시키는 만남
이 될 수 있다면 그 아이도 그 아이가 만들어갈 세상도 더 나은 세
상을 기대할 수 있게 될 것이다.

　심리상담가이자 '더 공감 마음학교' 대표인 박상미 교수는 '나를

믿어주는 한 사람의 힘'을 강조했다. 누구나 인생에 모진 시련과 바닥까지 떨어지는 처절함을 경험하지만, 다시 일어나게 하는 데에는 많은 여건과 도움이 아니라 끝까지 믿어주는 한 사람의 힘이 결정적이라는 것이다.

필자가 학생들을 가르치며 학생들의 자살 문제가 심각한 부담으로 다가왔다. 청소년과 청년들에게 강의를 하면서 "인생을 살다보면 진짜 죽고 싶다는 생각이 드는 때가 있을 수 있습니다. 내 전화번호 가르쳐줄 테니 죽기 전에 전화 한 통화만 제발 해주세요" 하고 얘기하곤 했다. 그 이야기를 들었던 한 학생이 수년이 지난 후에 한강의 어느 다리 위에서 내게 전화를 했다. 강연 때 들었던 말이 기억나 전화했다는 것이다. 그 학생과 통화하는 동안 주변을 수소문하여 무사히 가정으로 돌아갔고, 그 후로도 잘 지내고 있다고 들었다. 가족이 있고, 몇 년의 시간을 함께 보내는 학교가 있고, 교사가 있고 친구가 있는데 인생에 믿어주는 한 사람이 없다는 것은 비극이다. 그 아이의 잘못이라 말하고 싶겠지만 그렇지 않다. 모든 사람은 나름의 사연이 있다. 누군가 한 번만이라도 그 사연을 진지하게 들어주었더라면 그 사람의 인생이 바뀔 수도 있었다.

교사가 정해진 진도를 가르치고 시험 문제나 출제하고 학교의 행정적인 일이나 하는 자리는 아니라고 생각한다. 교사들을 비판하거나 비난하는 것이 아니라 자신의 역할과 위치에 대해 더 자부심을 가지고 의미를 찾도록 격려하고 싶다. 교사 한 사람의 어떠함이 한 아이의 인생을 살릴 수도 죽일 수도 있으며 세상을 망가트릴 수도 살 만한 세상으로 만들 수도 있다. 교사들이 처해 있는 현실이 얼마나 열악하며, 학생을 가르치고 돌보는 일 외에 많은 업무에 시달리는지도 충분히 알고 있다. 대안교육기관이지만 학교를 운영하고 있는 입장에서 선생님들의 노고가 얼마나 큰지 잘 이해한다. 어깨동무학교도 교사들의 헌신적인 수고가 아니면 절대로 존재할 수도 제대로 운영될 수도 없다. 가르치는 일 외에 부수적인 일들도 많고 가르치는 일을 제대로 하기 위한 준비에도 시간이 빠듯하다 할지라도 사람, 곧 학생 한 사람을 소홀히 하는 교육이 되어서는 안 된다. 나에게 세상까지 구원하라는 부담을 주지 말라고 말할 수 있다. 세상을 구원하는 것이 아니라 한 아이를 살림으로 세상은 살 만해지는 것이다. 교사의 가장 기본적 소명은 내게 맡겨진 단 한 명의 아이도 포기하지 않는 것이다. 그 길이 우리 모두가 사는 길이며 숭고한 교사의 길이다.

나답게 살기를
_ 학생들에게

우리는 학교를 다니며 정답을 찾는 훈련을 20년 가까이 받았다.

세상에 나가보니 내가 받은 교육으로 찾을 수 있는 정답이 많지 않다는 것을 깨달았다. 아니 심지어 정답이 있기나 한 걸까? 라는 생각만 더 확실해지는 것 같다. 정답만 찾으면 인생에도 정답을 찾을 수 있을 것이라 생각했지만 인생은 '노No답' 투성이다. 내가 다니는 학교가 내가 원하는 학교인지 내가 공부하는 전공이 내가 좋아하는 전공인지 답하기 어렵다. 이렇게 오랜 시간 공부에 공을 들였으니 이제 내 미래는 밝고 꽃길만 내 앞에 기다리고 있을까? 역시 답하기 어렵다. 그럼 열심히만 살면 어떻게든 될 것이라 믿어야 할까? 답하기 어렵다. 이래도 저래도 답이 없으니 되는 대로 살면 되는 것일까? 역시 불안하다. 불안하니 뭐라도 해야겠어서 대학원을 가고 박사가 되는 경우도 많다. 인생은 정말 노답일까.

정답과 노답의 혼돈 사이에서 자기만의 길을 걸어가는 사람들을 보면 부럽다. 어떻게 그렇게 확신에 차서 자기의 일을 사랑하고 즐기며 저렇게 살 수 있을까? 실제로 그런 사람은 우리 주변에 있고 생각보다 많다. 그런 사람들의 공통점은 자기를 알고 자기가 좋아하고 잘하는 일을 전공과 직업으로 갖고 있는 경우가 대다수이다. '금수저'라 형편이 좋아 무엇이든 하고 싶은 것을 할 수 있었기 때문에 그렇다고 생각하지 마라. 이른바 금수저 중에 노답 인생을 사는 형편없는 사람들도 많다. '흙수저'라도 자신만의 길을 자기만의 방식으로 힘겨워도 즐겁게 가는 사람들도 역시 적지 않다. 비결은 다른 데 있지 않다. 정답과 노답 사이에 우리가 선택해야 하는 답은 오히려 '나답'이다. 나만의 답을 찾는 것이다. 나만의 답을 찾기 위해서는 나를 찾아야 하며 이 책의 앞부분으로 다시 돌아가야 한다. 내가 누구인가? 나의 정체성을 찾아야 내가 좋아하고 잘하는 것을 알고 내가 살고 싶은 삶이 어떤 삶인지 꿈꾸게 된다.

'실패는 성공의 어머니'라 하고 '모방은 창작의 어머니'라고 하는데 통하는 경우가 있고 그렇지 않은 경우가 있다. 파도 파도 물 한 방울, 기름 한 방울 나오지 않을 곳에서 열심히 샘을 파고 유전을 파봐야 아무 소용이 없다. 인생의 기초는 나를 아는 것이다. 나를 알아야 나답게 사는 길도 찾을 수 있다. 한 번뿐인 인생 평생 남 흉내나 내다가 해보고 싶은 일, 살고 싶은 삶 한 번 제대로 못살아보고 갈 수는 없지 않은가. 정신분석학자인 자크 라캉Jacques Lacan 이 모든 욕망은 타자의 욕망이라고 했다. 타자의 인정을 욕망하는 나의 욕망에 빠져 사는 존재로 생을 마칠 수는 없다. 나의 욕망과 욕심을 넘어 사람과 삶을 푸르게 꿈꾸는 마음이 살아 있어야 한다. 그래야 비로소 나도 살아 있다고 느끼게 된다. 살아 있으나 죽은 것 같은 인생은 이미 욕망이라는 괴물에 잡아먹힌 인생이다. 내가 욕망하는 것의 이유도 영문도 모르는 인생은 살았으나 죽은 인생이다.

마음껏 삶을 희망하라. 후회 없이 사람을 사랑하라. 너 자신을 가장 사랑하고 너를 통해 사랑받는 것이 무엇인지 또 다른 사람이 알게 하라. 그것이 내가 이 세상에 줄 수 있는 가장 큰 선물이며 내 미래에 줄 수 있는 가장 큰 희망이다. 너답게 나답게 살면 우리답게 살 수 있다. 그것만이 지금과 오는 시대의 유일한 희망이다. 쓸모 있는 교육은 모든 나를 나답게 살도록 하는 것이다. 쓸모 있는 교육이 세상을 살릴 것이다.

흔들릴수록 뿌리는 깊어야 한다

21세기도 20년이 지나갔다. 뉴밀레니엄으로 호들갑을 떨었던 기억이 있다. 포스트모던이 어떻다고 여기저기 말이 많았다. 4차 산업혁명은 여전히 뜨거운 감자다. 인공지능, 블록체인, 클라우드, 암호화폐, 메타버스 등 변화가 몰아친다. 가전제품이 인간이 조작하는 대로가 아니라 인간을 파악해서 저절로 작동해주는 시대다. "그래서 어떻게?"라는 고민이 교육뿐만 아니라 각 분야에 있는 사람들을 압박해온다. 결론은 하나이며 쉽다. 흐름을 파악하여 대안을 모색하고 창조적인 도전을 하면 된다.

이 결론에 동의한다면 이 책의 주장에 동의하게 될 것이라 생각한다. 흐름을 파악하는 안목은 읽기와 문법의 과정이며, 대안을 모색하는 일은 생각하기와 논리의 과정이며, 창조적 도전을 실행하고함께 모험을 하는 일에는 쓰기와 말하기, 즉 수사의 능력이 필수적으로 요청된다. 인간과 기계가 공존하는 세상이 와도 인간은 결국 인간과 소통하고 삶을 함께 공유한다. 기계와 삶을 공유한다는 것은 인식은 되나 실재는 될 수 없다.

바람이 사방에서 세차게 몰아쳐도 뿌리 깊은 나무는 쉽게 넘어지지 않는다. 유연성까지 더한다면 절대로 넘어지지 않는다. 사고의 유연성과 깊이가 교육의 결과라면 견고한 기초를 쌓은 것이다. 읽으나 생각할 필요는 없는 교육, 생각 없이 암기하고 외워서 쓰면 되는 교육, 핵심을 찾아내는 것이 아니라 찍어주는 교육은 쓸모없는 교육이며 죽은 교육이다. 아직도 죽은 교육이 인간에게 희망이라고 주입하는 이 현실이 무섭다. 당장 눈앞의 돈벌이에 급급해 인간을 죽이는 교육을 하면서도 양심의 가책이라곤 하나도 없는 세상이 두렵다.

과연 우리는 미로와 같은 지금 상황에서 탈출구를 찾을 수 있을까? 무엇이 어디서부터 잘못된 것일까? 어깨동무학교를 시작한 지 7년 차에 접어들었다. 모자란 교장을 둔 덕분에 여전히 부족한 것이 많다. 헌신적인 많은 교사들의 수고가 교장의 부족함을 채워주고 있다. 대안교육을 선택한 이유는 더 옳고 더 낫고 더 잘하기 때문이 아니라, 우리가 꼭 가르쳐야 한다고 믿는 것을 가르치고 싶었기 때문이다. 비정기적으로 만나 강의만 하고 듣고 헤어지는 관계가 아닌 가능한 많은 시간을 함께하며 삶을 함께하며 가르치고 싶었기 때문이다.

교육은 백년대계이고 한 사람의 인생에 대한 책임이기에 단순히 지식을 가르치는 쉬운 일이 아니다. 한 사람의 삶을 붙잡고 씨름하는 지난한 싸움이다. 감정의 밀당, 삶의 본보기, 지식의 전수, 인성 교육, 끝없는 인내와 용납, 단호함과 달달함의 균형 등 교사나 교육을 담당하는 사람들에게 요구되는 것들은 산 너머 산이다. 그래도 이 길을 가야 한다. 너와 나의 미래를 위해, 그리고 통일 한국의 미래를 위해, 그리고 인류가 함께 살아갈 미래의 지구촌을 위해.

삶을 위한 교육,

아이들이 행복한 교육,

세상 모든 것으로부터 배우는 교육,

스스로 미래를 창조해 나가도록 돕는 교육을 꿈꾸던 첫 마음을 다시 가다듬어본다.

윤은성

고병헌, 《교육 존재가 존재에 이르는 길》, 이다북스, 2020

교육정책디자인연구소, 《미래 교육이 시작되다》, 테크빌교육, 2018

김누리, 《우리의 불행은 당연하지 않습니다》, 해냄, 2020

김영민, 《공부란 무엇인가》, 어크로스, 2020

김용섭, 《생각의 씨앗》, 생각의 나무, 2010

다이앤 태브너, 우미정 옮김, 《최고의 교실》, 더난출판, 2021

도쓰카 다카마사, 이대환 옮김, 《세계 최고의 인재들은 왜 기본에 실천할까》,
    비즈니스북스, 2015

도쓰카 다카마사, 장은주 옮김, 《세계 최고의 인재들은 왜 기본에 집중할까》,
    비즈니스북스, 2014

로제마리 마이어 델 올리브, 박여명 옮김, 《나를 일깨우는 글쓰기》, 시아,
    2010

롭 이스터웨이, 황수경 옮김, 《틀을 깨는 생각은 어떻게 만들어지는가》, 휴먼
    하우스, 2013

뤄후이전, 박소정 옮김, 《1교시 철학수업》, 이터, 2017

류리나, 《하버드 100년 전통 말하기 수업》, 리드리드출판, 2020

르네 반 더 비어, 배희철 옮김, 《레프 비고츠키》, 솔빛길, 2013

마르쿠스 베른센, 오연호 기획, 오연호 옮김, 《삶을 위한 수업》, 오마이북, 2020

모티머 J. 애들러, 찰스 밴 도렌 지음, 독고 앤 옮김, 《생각을 넓혀주는 독서법》, 멘토, 2012

송순재, 카를 K. 에기디우스, 고병헌, 《덴마크 자유교육》, 민들레, 2010

송찬섭, 《서당, 전통과 근대의 갈림길에서》, 서해문집, 2018

안상헌, 《안상헌의 생산적 책읽기》, 북포스, 2019

알렉스 비어드, 신동숙 옮김, 《앞서가는 아이들은 어떻게 배우는가》, 아날로그, 2019

알버트 라즐로 바라바시, 강병남 외 옮김, 《링크》, 동아시아, 2002

앙토냉 질베르 세르티양주, 이재만 옮김, 《공부하는 삶》, 유유, 2013

앨버트 라슬로 바라바시, 홍지수 옮김, 《성공의 공식 포뮬러》, 한국경제신문, 2019

양동일, 김정완, 《질문하고 대화하는 하브루타 독서법》, 예문, 2016

엄기호, 《이것은 왜 청춘이 아니란 말인가》, 푸른숲, 2010

오강선, 《하버드 시대의 종말과 학습혁명》, 클라우드나인, 2020

윌리엄 제임스, 이지은 옮김, 《하버드 철학수업》, 나무와열매, 2020

유시민, 《유시민의 글쓰기 특강, 생각의길, 2015

윤은성, 《백비》, 미디어샘, 2019

윤은성, 《세상을 바꾼 한국사 역사인물 10인의 만남》, 미디어샘, 2018

이범, 《문재인 이후의 교육》, 메디치미디어, 2021

이어령, 《읽고 싶은 이어령》, 여백, 2021

이어령, 《지의 최전선》, arte, 2016

이주리, 《말의 결》, 밀리언서재, 2020

임재성, 《삶의 무기가 되는 글쓰기》, 문예춘추사, 2019

장 자크 루소, 이환 옮김, 《에밀》, 돋을새김, 2015

전성수 · 양동일, 《질문하는 공부법 하브루타》, 라이온북스, 2014

정민, 《정민 선생님이 들려주는 고전 독서법》, 보림, 2012

정병태, 《언어의 품격》, 넥스웍, 2018

정순우, 《서당의 사회사》, 태학사, 2013

조녀선 하이트 · 그레그 루키아노프, 왕수민 옮김, 《나쁜교육》, 프시케의숲,
     2019

조벽, 《인성이 실력이다》, 해냄, 2016

진보교육연구소 비고츠키교육학실천연구모임, 이태수 그림, 《관계의 교육학,
     비고츠키》, 살림터, 2015

짐 개리슨, 한국 교육연구네트워크 옮김, 《존 듀이와 교육》, 살림터, 2021

최유진 · 장재혁, 《세계 최고의 학교는 왜 인성에 집중할까》, 다산에듀, 2014

최윤식, 《빅체인지 코로나 19 이후 미래 시나리오》, 김영사, 2020

칼 비테, 김락준 옮김, 《칼 비테의 자녀교육법》, 차이정원, 2017

켄 로빈슨·루 애로니카, 정미나 옮김, 《아이의 미래를 바꾸는 학교혁명》, 21
    세기북스, 2015

크리스토퍼 A. 페린, 황병규 옮김, 《고전적 교육 입문》, 꿈을이루는사람들,
    2007

테드 딘터스미스, 정미나 옮김, 《최고의 학교》, 예문아카이브, 2019

토드 로즈, 정미나 옮김, 《평균의 종말》, 21세기북스, 2018

페터 비에리, 문항심 옮김, 《삶의 격》, 은행나무, 2014

파울루 프레이리, 남경태 옮김, 《페다고지》, 그린비, 2018

파커 J. 파머, 이종인 옮김, 《가르칠 수 있는 용기》, 한문화, 2013

한재훈, 《서당공부 오래된 인문학의 길》, 갈라파고스, 2014

후쿠하라 마사히로, 김정환 옮김, 《하버드의 생각수업》, 엔트리, 2014

쓸모 있는 교육

1판 1쇄 찍음 2021년 7월 28일
1판 1쇄 펴냄 2021년 8월 4일

지은이   윤은성
펴낸이   신주현 이정희
마케팅   임수빈
교정교열   김예채
디자인   조성미
종이   월드페이퍼
제작   (주)아트인
펴낸곳   미디어샘
출판등록 2009년 11월 11일 제311-2009-33호
주소 (03345) 서울시 은평구 통일로 856 메트로타워 1117호
대표전화 02-355-3922 | 팩스 02-6499-3922
전자우편 mdsam@mdsam.net

ISBN 978-89-6857-200-5 03370